카지노 신화,
그리고 전설들

**"카지노를 어른들의 놀이터로 만든
혁신의 아이콘"**

카지노 신화, 그리고 전설들
카지노를 어른들의 놀이터로 만든 혁신의 아이콘

초판 1쇄 발행 2023년 3월 22일

지은이 홍춘봉
펴낸이 장길수
펴낸곳 지식과감성#
출판등록 제2012-000081호

교정 서은영
디자인 이은지
편집 이은지
검수 한장희, 이현
마케팅 정연우

주소 서울시 금천구 벚꽃로298 대륭포스트타워6차 1212호
전화 070-4651-3730~4
팩스 070-4325-7006
이메일 ksbookup@naver.com
홈페이지 www.knsbookup.com

ISBN 979-11-392-0959-4(03810)
값 12,000원

- 이 책의 판권은 지은이에게 있습니다.
- 이 책 내용의 전부 또는 일부를 재사용하려면 반드시 지은이의 서면 동의를 받아야 합니다.
- 잘못된 책은 구입하신 곳에서 바꾸어 드립니다.

지식과감성#
홈페이지 바로가기

카지노 신화,
그리고 전설들

글 홍춘봉

**"카지노를 어른들의 놀이터로 만든
혁신의 아이콘"**

목차

프롤로그   7

카지노 신화를 창조한 전설들
1부: 아시아 전설   13

1. 세기의 풍운아 마카오 '스탠리 호'   14
2. 말레이시아 '전설' 겐팅 그룹 '림고통 회장'   49
3. 대한민국 '카지노 개척자' 전락원 회장   92

미국 라스베이거스 신화를 창조한 전설들
2부: '도박과 환락의 도시' 라스베이거스 탄생   141

도박과 환락의 도시를 완성시킨 전설 3인방   166
  - 라스베이거스 '카지노 제왕' 커코리언   166
  - 스티브 윈 -라스베이거스를 개조한 '카지노 전설'   177
  - '아시아 재패'한 샌즈그룹 셸던 아델슨 회장   190

포커 전설 '케빈 송'
- 27차례 세계 포커 챔피언 석권
 / 프로 포커 선수로 세계를 평정한 최고의 승부사   203

에필로그   259
참고문헌   262

프롤로그

 카지노는 인간의 '승부사' 기질을 유혹하는 묘한 마력을 갖고 있다. 눈부시게 화려한 시설, 이를 더욱 빛나게 하는 조명, 오감을 자극하는 음향과 현란한 분위기 등은 카지노만이 갖고 있는 특징이다. 때문에 카지노에 들어서면 누구나 '귀빈'이 되고 '대박'을 터뜨릴 것 같은 환상을 갖게 된다.

 중세 유럽에서 출발한 카지노는 미국 라스베이거스에서 화려하게 진화한 뒤 마카오와 말레이시아, 싱가포르, 필리핀, 대한민국 등 아시아권에 빠르게 '전이'시키고 있다. 미국 라스베이거스와 '카지노 왕국' 마카오는 세계 카지노 도시 1, 2위를 다투지만 마리나 베이 샌즈(싱가포르)와 겐팅 하이랜드(말레이시아)는 살아생전 꼭 가 봐야 할 카지노 리조트로 각인된 지 오래다.

 이런 카지노 도시와 카지노 리조트들은 뛰어난 선각자들의 부단한 혁신을 통해 인간의 로망과 욕망을 자극하는 기적을 만들어 냈다. 카지노 진화에 앞장서 실천한 선각자들은 카지노의 매력과 가치를 높이는 데 기존의 상식과 아이디어를 훨씬 뛰어 넘었다. 그들은 동화 같은 환상을 현실로 만들기 위해 그리스, 로마의 신화를 라스베이거스와 마카오에 접목시켰으며 물의 도시 베네치아를 재현하는 놀랍고 흥미로운 도전을 멈추지 않았다.

무에서 유를 창조한 카지노 선각자들은 휴식과 재충전의 리조트에 만족하지 않고 24시간, 365일, 흥미를 유발시키는 엔터테인먼트와 획기적인 디자인으로 사람들의 관심을 촉발시켰다. 때문에 디즈니랜드가 어린이들의 놀이터로 사랑받을 때 라스베이거스와 마카오를 어른들의 놀이터로 만든 선각자들은 혁신의 아이콘으로 평가받는다.

아직도 '카지노=도박장'이라는 부정적 이미지를 갖고 있는 대한민국에서 '카지노 선각자'들의 이야기는 '혁신의 아이콘'이라는 인식을 심어 주기에 충분하다. 특히 카지노 전설들의 특징은 모두 문화와 예술을 깊이 사랑했으며 고객 감동을 최고의 가치로 삼았다는 사실이다.

이 때문에 카지노 전설들의 시설은 경쟁사를 압도했고 뛰어난 서비스와 다양한 엔터테인먼트, 전시된 예술품 등은 365일 박물관처럼 개방되면서 고객들을 열광시켰다.

환상과 환락의 상징처럼 비유되는 카지노 도시들은 카지노 전설들로 인해 관광객들이 가장 선호하는 세계 최고의 도시로 잭팟을 터뜨렸고 오늘도 새로운 혁신의 아이콘이 끊임없이 샘솟고 있는 것이다.

이처럼 카지노 전설들은 기존의 카지노 이미지 틀을 과감히 깨부수고 전혀 경험하지 못한 혁신의 카지노 리조트를 탄생시켰다.

세계 카지노 업계의 전설적인 인물들은 미국과 아시아에서 걸출한 신화를 창조한 6명의 CEO들이다.

먼저 미국 라스베이거스의 전설 3인방은 MGM의 커크 커코리언(2015년 작고), 윈 그룹의 스티브 윈 회장(81), 샌즈 그룹 셸던 아델슨 회장(2021년 작고)이 꼽힌다.

'라스베이거스 대통령'으로 알려진 MGM의 커크 커코리언, 라스베이거스의 카지노 역사를 새로 쓴 윈 그룹의 스티브 윈, 아시아 진출 이후 세계 최고의 카지노 재벌로 등극한 셸던 아델슨 샌즈 그룹 회장은 라스베이거스의 신화 그 자체라고 할 수 있다.

미국에 비해 카지노 역사가 일천한 아시아에서도 카지노 전설 '3인방'의 존재감은 라스베이거스에 버금간다.

대한민국의 카지노 역사를 창조하며 파라다이스 그룹을 일군 전락원 회장(2004년 작고), 말레이시아 겐팅 그룹의 림고통 회장

(2008년 작고), 마카오의 카지노 황제 스탠리 호 회장(2020년 작고) 등 3인방 역시 신화적인 인물들이다.

공교롭게도 파라다이스 전락원 회장은 림고통 회장, 스탠리 호 회장 등 '아시아의 전설'들과 돈독한 관계를 수십 년 이상 유지할 정도로 해외에서 더 각광받은 인물로 유명하다.

이들 카지노 전설들의 특징은 현실에 안주하지 않고 불굴의 도전정신으로 새로운 도전과 모험을 두려워하지 않고 결국 새로운 신화를 이루어 냈다는 점이다.

《카지노 신화, 그리고 전설들》을 통해 카지노의 숨겨진 역사와 카지노 산업의 매력을 새로운 각도에서 조명해 볼 수 있을 것으로 기대한다.

아울러 권말 부록으로 소개하는 케빈 송 세계 포커챔피언은 대한민국의 MZ세대에게 새로운 비전과 불굴의 도전 정신을 유발시키는 촉진제가 될 것으로 기대하며 드라마 같은 그의 이야기를 포함시켰다.

그 역시 언어장벽과 무수한 실패, 좌절을 극복하며 사투를 거듭한 끝에 세계를 제패한 스토리는 대한민국에 '두뇌 스포츠' 포커를 젊은 층의 새로운 일자리와 도전 과제로 제시하고 있다.

대한민국도 이제는 '포커=도박'이라는 부정적인 이미지를 털고 마인드 스포츠로 대접하면서 MZ세대의 새로운 레저 문화와 유망 직업으로 자리 잡을 수 있기를 기대해 본다.

2023년 2월 코로나 팬데믹 끝자락에서
홍춘봉

카지노 신화를
창조한 전설들

1부
아시아 전설

1. 세기의 풍운아 마카오 '스탠리 호'

마카오의 '카지노 황제'라는 수식어를 갖고 있던 스탠리 호 SJM 홀딩스 회장의 일생은 풍운아의 삶, 그 자체였다.

영화배우처럼 잘생기고 훤칠한 외모를 가진 그는 아름다운 여성의 사랑을 독차지하기 위해 수십, 수백 억을 과감하게 베팅하는 등 영화보다 더 영화 같은 삶을 살아온 인물이다.

또 그는 카지노 독점권을 지키기 위해 천문학적인 비용을 들여 마카오 타워와 마카오 우의대교(프랜드쉽 대교)를 건립해 마카오 정부에 기부 체납할 정도의 통 큰 스타일로도 유명하다.

지난 2009년 개봉한 홍콩영화 〈라스트 프로포즈〉(유위강 감독)는 스탠리 호의 실제 러브 스토리를 모티브로 했다는 점에서 많은 화제를 뿌렸다.

홍콩 배우 유덕화와 서기가 주연한 이 영화는 동남아 여성들의 로망이었던 카지노 재벌 스탠리 호의 화려한 러브 스토리를 다뤘기 때문에 여성들이 더 열광했던 것으로 알려졌다.

홍콩의 명문 가문으로 입지를 다진 스탠리 호의 증조부는 네덜란드 혈통의 유태인으로 알려졌다. 조부는 청나라 말기 홍콩 중국계

상인 중 '5대 거두(巨頭)'에 포함될 정도로 대단한 경제력을 축적했던 인물이다.

스탠리 호 회장 별세 소식을 긴급 속보로 전하고 있는 마카오 TDM TV

그는 유복한 집안에서 태어났지만 그러나 13세 되던 해에 아버지가 주식투자로 패가망신을 하게 되면서 그의 가족들은 무일푼 신세로 길거리에 나앉았다.

황제 부럽지 않은 집안의 귀공자에서 하루아침에 무일푼의 알거지 신세로 전락했으니 인생 유전이 따로 없는 셈이다.

스탠리 호는 당시 치아가 썩어 병원 치료가 시급했던 탓에 가까운 친척을 찾아가 치과 치료비를 빌려 달라 눈물로 호소했으나 단칼에 거절당하면서 냉정한 세상인심을 일찍부터 경험하게 된다.

친척에게 냉대를 당하고, 단 1센트가 없어 버스에서 강제로 하차를 당하는 수모를 겪은 유년 시절 스탠리 호의 고난은 이후 성인이 되는 그를 성장시키는 데 있어 중요한 자양분이 되었다.

지독한 가난 속에서 공부만이 신분 상승의 유일한 방법이라는 사실을 깨우친 그는 열심히 공부에 매진한 끝에 대학을 우수한 성적으로 졸업하고 마카오로 건너가 연창무역회사에 취업했다. 당시 그가 수중에 가진 돈은 10홍콩달러가 전부였다.

스탠리 호가 마카오 무역회사에 취업하던 당시 마카오는 중국 영토가 아니라 포르투갈의 식민 지배를 받던 상황이었다. 마카오는 장장 450년간 포르투갈의 지배를 받았다.

19세기 중엽까지 무역업이 마카오를 먹여 살렸으나 19세기 말 홍콩이 해상 교역의 중심지로 바뀌면서 마카오는 금괴 밀수로 연명해야 했고 매춘과 마약이 기승을 부리면서 어두운 이미지를 고착화시켰다.

포르투갈의 통치를 받던 마카오 정부는 매춘과 마약을 일소하기 위해 1847년 도박 산업을 합법화했고, 그러자 자그마치 200개가 넘는 도박장이 성업했다. 도박장이 성업하자 일부 거리는 중국에서 팔려온 매춘부들로 넘쳐 나는 홍등가로 변모한다. 도박과 윤락, 마약이 기승을 부리자 자연스럽게 폭력 조직도 활개를 쳤다.

특히 1975년 포르투갈에서 카네이션 혁명이 종료된 뒤 포르투갈 정부가 마카오에 주둔하던 포르투갈 군인을 모두 철수시키면서 마카오 치안은 공백 상태가 되었다. 중국을 대표하는 삼합회가 이 기회를 틈타 마카오에서 세력을 크게 확장하면서 마카오를 자신들의 거점으로 만들고 홍콩으로 영토를 넓혔다.

당시 식민지 마카오를 통치하던 포르투갈 경찰관들은 부정부패에 물들어 삼합회와의 유착은 기본이었다. 경찰의 자질 또한 영국이 통치하던 인근 홍콩 경찰과 비교도 안 될 정도였다. 이 때문에 삼합회가 활개를 치고 심지어 마카오 경찰은 삼합회의 하부 조직이라는 비아냥까지 들어야 했다.

마카오 삼합회는 홍콩이 중국에 반환되기 직전까지 백주에 경찰 간부가 대로변에서 살해되거나 기관총으로 반대파를 살해하는 일이 발생하였다. 그러나 1999년 홍콩 반환을 앞두고 중국 공산당 군인들이 마카오에서 삼합회 소탕 작전에 나서면서 삼합회는 자취를 완전히 감추었다.

도박 산업이 날개를 달자 마카오는 게임 사업인 마작을 비롯해 경마, 경견, 카지노까지 게임 범위를 넓혀 가기 시작하였다.

1934년부터 마카오 도박 사업을 독점하기 시작한 '타이킹'사(대표 후탁얌)는 1962년까지 당시 마카오 게임산업의 독점권을 이어

갔다.

영어 등 4개 언어에 능통했던 스탠리 호는 머리도 비상해 전화번호 1000여 개를 외울 정도로 기억력이 좋고 눈치가 빨랐던 것으로 알려졌다.

스탠리 호는 무역회사에서 필요한 모든 역량과 자질을 갖추고 있었던 셈이다.

이 때문에 사장의 총애를 받아 비서로 발탁된 그는 비서실에서도 탁월한 능력을 인정받아 2년 후에 회사 파트너로 승진해 회사에서 특별 상여금으로 100만 달러를 받을 정도였다.

일본이 태평양 전쟁에 패하면서 미국에 항복하던 1945년 마카오 공응부 주임이 된 그는 부동산업과 방직품 사업 등 각종 회사를 설립해 1000만 달러의 재력을 갖추게 된다.

이러한 상황에서 마카오에서 갑부 가도를 달리던 스탠리 호에게 1962년에 호박이 넝쿨째 굴러오게 되는 인생 최고의 행운이 찾아온다.

마카오의 게임 사업 독점권을 가지고 있던 후탁얌 회장이 갑자기 사망하자 게임 사업권은 마카오 시민권과 막강한 재력을 갖고 있는 스탠리 호가 자연스럽게 인수할 수 있게 된 것이다.

물론 황금알을 낳는 카지노 사업권이 거저 주어진 것이 아니라 스탠리 호에게는 남들이 생각하는 것 이상의 노력과 부단한 투자가 있었기에 가능했다는 평가다.

그는 뛰어난 머리와 사업적 수완, 영화배우가 질투할 정도의 잘생긴 얼굴, 영어와 포르투갈어, 중국어, 일어 등 능숙한 외국어 실력을 갖추고 있었고, 막강한 재산까지 마련하면서 마카오 카지노 황제의 자질을 일찌감치 갖추고 있었다.

특히 게임 사업도 경마와 경견보다 카지노 한 가지를 택하면서 미래지향적인 안목을 보여 주었다.

스탠리 호는 카지노 사업권 확보에 만족하지 않고 남다른 혜안과 사업적 수완으로 카지노 황제의 입지를 다지게 된다. 그는 기존 마카오 카지노 게임의 문제점으로 바카라와 다이사이 등 게임 종류의 단순함을 넘어야 한다는 점을 인식하고 즉각 유럽식 인기 게임인 룰렛과 블랙잭을 도입하였다.

또 카지노 고객을 유인하기 위해 마카오 최초로 카지노 호텔도 착공했다. 이전의 마카오는 3층 이하 소규모의 호텔이 대부분이었다.

그는 카지노 호텔 명칭을 포르투갈의 수도 '리스본' 명칭 대신 포르투갈식 발음인 '리스보아'로 명명했다. 1970년 카지노 호텔을 개장하고, 호텔 이름을 '리스보아'로 지으면서 그는 마카오 주재 포르투갈 관료들의 마음까지 사로잡은 것이다. 그의 사업적 안목이 어느 정도인지 보여주는 대표적인 작품이 리스보아 호텔이며 호텔 명칭은 그의 뛰어난 아이디어를 짐작게 한다.

특히 일반인들에게 잘 알려져 있지는 않지만 리스보아 호텔은 독특한 풍수를 설계에 적용하였다.

마카오 리스보아 & 그랜드 리스보아 카지노 호텔

리스보아 호텔 객실 창문은 물고기를 잡는 문양 형태이고 엘리베이터로 연결되는 곳의 둥그런 형태의 건물은 새장을 형상화했다. 이는 새장의 새가 털이 다 빠질 때까지 갇혀 있으라는 의미다.

리스보아 호텔의 카지노를 방문한 고객들은 카지노에서 돈을 다 털리고 가라는 의미의 풍수라는 것이다.

풍수를 유난히 신봉한 스탠리 호는 리스보아 호텔을 시작으로 자신이 건립해 기부한 우의대교(프랜드쉽 대교), 마카오 타워(현대건설 시공), 그랜드 리스보아 호텔에 모두 부귀영화와 재물을 상징하는 풍수를 적용해 설계한 것으로 알려져 있다.

한편 중국은 1975년 마카오를 통치하던 포르투갈 군부 정권이 '카네이션 혁명'으로 붕괴되고 사회주의 정부가 들어서자 포르투갈 본국에서는 아예 중화인민공화국과 수교하고 중화민국(대만)과 단교했다.

이에 맞춰 포르투갈은 타이페이 대신 베이징 정부와 밀착하게 되면서 마카오는 자연스럽게 중국화로 급격히 기울어졌다. 이때부터 포르투갈의 영향력이 약화되기 시작했고 중국의 영향력이 강해졌다. 이때부터 중국 정부는 마카오 카지노 황제인 스탠리 호와 접촉해 친중 인사로 만들었다는 것이 정설로 알려진다.

실제 스탠리 호는 아시안 게임과 베이징 올림픽 등에 거액의 성금을 체육기금 형식으로 기부했고 중국공산당의 명예직 감투를 받은 것으로 알려졌다.

특히 리스보아 호텔 인근에 2008년 개장한 그랜드 리스보아 호텔의 디자인도 풍수를 선호하는 스탠리 호의 입장이 100% 반영되었다는 후문이다. 그랜드 리스보아 호텔의 황금색 반원형과 연꽃 형상의 외관은 매우 독특하고 황금색을 좋아하는 중국인 스타일이다. 그렇지만 황금색 그랜드 리스보아 호텔의 반원형 카지노에 입장한 고객들은 무덤에서 죽는 것(재산 탕진)을 의미하고 그랜드호텔 최상부 연꽃은 고객이 탕진한 돈으로 부귀영화를 누린다는 의미의 풍수를 간직하고 있다.

젊은 시절 미인들과 염문이 끊이지 않았던 스탠리 호는 영화보다 더 영화 같은 인생을 산 것으로 유명하다.

그는 빼어난 미인들과 4번 결혼해 자그마치 17명의 자녀들을 낳았다.

첫째 부인인 여완화는 당시 마카오 최고의 미녀였다. 그러나 그는 안타깝게도 결혼 10주년 때 큰 교통사고를 당해 투병 생활을 하다가 2004년에 세상을 떠났다.

둘째 부인 남경영은 첫째 부인 여완화가 병상에 누워 있을 때 만난 것으로 알려졌다.

그와 1남 4녀를 두고 있으며 가장 뛰어난 사업 파트너이자 댄스 파트너로도 유명하다.

두 번째 부인 남경영의 아들 로렌스 호는 스탠리 호의 14명 자녀(3명은 사망) 가운데 경영 능력이 가장 뛰어난 것으로 알려졌다. 로렌스 호는 타이파 매립지에 시티오브드림(COD)과 스튜디어 시티 카지노리조트를 세워 대박을 거두고 있다.

또 스탠리 호의 두 번째 부인은 세계적으로 유명한 홍콩의 '점보수상식당' 주인으로 알려졌는데 스탠리 호가 생일 선물로 점보수상식당을 선물한 일화는 당시 홍콩 사회를 떠들썩하게 만들기에 충분했다.

영화 〈도둑들〉 촬영으로 한국에서 더욱 유명해진 홍콩 점보수상식당은 홍콩달러 3200만 달러(24억 원)를 들여 4년간 3척의 대형 어선으로 만들어진 세계 최대의 수상레스토랑이다.

1976년 개장한 이 식당은 영국 엘리자베스 2세를 비롯해 영화배우 톰 크루즈, 주윤발 등 유명 인사들이 방문했던 곳으로 2016년 현재까지 3100만 명이 넘는 관광객이 이용했다.

'점보', '점보 궁전', '타이 팩' 등 세 보트로 구성된 점보수상식당은 한 번에 4300명을 수용할 수 있으며 영화 도둑들 촬영당시에는 하루 렌탈 비용으로 1500만 원을 지출한 것으로 알려졌다. 점보수상식당은 '홍콩필수코스 베스트 3'에 포함되며 현재 시가로 수백 억 이상을 호가하고 있다.

이처럼 홍콩의 명물로 잘 나가던 점보수상식당이 2022년 6월 14일 남중국해 시사군도 부근에서 갑작스럽게 침몰하면서 역사의 뒤안길로 사라지고 말았다. 1976년 스탠리 호가 중국 황궁의 내부구조를 그대로 모방해 제작한 점보수상식당은 46년간 홍콩의 명물로 자리 잡았다가 비참한 최후를 맞은 것이다.

코로나 팬데믹으로 2020년 3월 말부터 문을 닫은 점보식당은 2022년 5월 식당 운영 면허까지 만료되면서 예인선에 이끌려 6월 14일 남중국해로 이동하다가 침몰하며 화려한 명성도 바다에 수장되었다.

세 번째 부인인 진완진은 첫 번째 부인의 간병인이었던 것으로 알려졌다. 그는 간병을 하다가 스탠리 호의 눈에 들어 결혼했다는 일화가 있다. 일부에서는 첫째 부인 여완화가 둘째 부인의 기세를 누르기 위해 자신이 믿는 진완진을 스탠리 호에게 소개했다는 이야기도 전해진다.

특히 스탠리 호의 네 번째 부인 안젠라 렁은 1986년 스탠리 호가 마련한 자선 댄스파티에서 만난 것으로 알려졌다.

당시 스탠리 호는 자신보다 39살이나 어린 광저우 출신 댄서 아가씨를 보고 한 눈에 반해 댄스 파트너로 삼았다가 결혼에 골인하였다.

스탠리 호는 안젤라 렁과 결혼하기 위해 억만장자라는 사실을 숨기고 데이트를 하며 마침내 결혼에 골인한 것으로 전해진다.

안젤라 렁은 결혼해 3남 2녀를 두었으며 마카오 의회에 진출해 마카오 국회의원으로 2022년 현재까지도 왕성하게 활동하고 있다.

특히 홍콩의 부동산 거물로 알려진 그는 홍콩 여성 갑부 상위 순위에 올라 있다.

안젤라 렁은 중개인과 대리인, 프라이빗 뱅커로 구성된 네트워크를 통해 3억 달러에 달하는 부동산을 잇따라 매입해 화제가 되기도 하였다.

스탠리 호와 넷째 부인 안젤라 렁의 러브 스토리는 영화로 만들어지며 더욱 유명해졌다.

지난 2008년 홍콩에서 제작된 영화 〈라스트 프로포즈〉는 러브 스토리인데도 불구하고 100억 달러가 넘는 규모가 투자돼 블록버스터 수준이라는 극찬을 받았다.

주인공 유덕화가 투숙한 호텔 마카오 MGM그랜드도 화제가 되었다. 이곳 호텔 로비에 설치된 샹들리에는 세계 최고의 유리 공예가 '데일 치훌리'의 화려한 작품이 배경으로 등장해 화제를 모았다. 샹들리에 가격은 100만 달러가 넘는다.

또 유덕화가 묵은 MGM호텔 숙박비가 하루 1000만 원에 육박하는 최상급 펜트하우스였고 영화에서 밀란(수치)에게 프로포즈를 하며 건네는 반지는 명품 까르띠에의 6캐럿 다이아몬드였다.

실제 스탠리 호와 안젤라 렁의 러브 스토리도 39년의 나이 차 때문에 각별했지만 세기의 로맨스는 영화에서 유덕화와 수치의 실감나는 열연이 더해지며 실화보다 더욱 로맨틱했다는 평가를 들었고 많은 여성들의 부러운 시샘을 받았다.

평생 여복(女福)이 끊이지 않았던 스탠리 호는 수많은 미녀들이 그를 흠모했으나 결국 그에게 선택된 여성은 안젤라 렁 등 단 4명에 불과하였다.

스탠리 호의 2세 가운데 단연 돋보이는 인물은 아들 로렌스 호와 홍콩, 마카오 부동산 갑부이자 딸인 팬시 호다.

공교롭게도 이들은 두 번째 부인 남경영의 아들(로렌스 호)과 딸(팬시 호)이라는 점이다.

스탠리 호가 건립해 마카오 정부에 기부 체납한 마카오 타워

홍콩과 마카오의 부동산기업 순탁그룹의 CEO인 팬시 호는 홍콩섬의 마카오 패리 터미널로 쓰이는 순탁센터, 호텔, 부동산 사업을 하고 있다.

마카오 타이파섬의 고급 아파트 단지인 '호정도회'는 스탠리 호의 STDM과 순탁그룹이 공동 개발, 시행한 고급 아파트로 알려졌다. 서울 강남에 해당하는 마카오 타이파 지구에 속속 건립한 최고급 아파트 단지는 팬시 호가 마카오 최고의 부동산 갑부 반열에 오르는 데 결정적인 역할을 한 것으로 전해진다. 이 아파트 단지의 세대별 매매가는 최소 100억 원이 넘는 상황이다.

특히 미국 라스베이거스 MGM은 마카오에 진출하면서 순탁그룹과 공동으로 투자하였다. 이 때문에 마카오 MGM의 지분은 미국 라스베이거스 본사와 마카오 순탁그룹이 공동 지분을 갖고 있다.

스탠리 호는 가만히 앉아 천문학적인 돈을 버는 카지노 독점권을 가졌지만 현실에 안주하지 않고 뛰어난 사업적 혜안을 돈 버는 사업에 접목시켰다.

빠른 결단력과 명석한 두뇌에 사업적 수완까지 뛰어났던 그는 세계 최초로 카지노 VIP룸 임대 제도(정켓방)를 창안해 냈다.

카지노 정켓방 제도는 카지노의 안정적 수익을 올리는 데 큰 기여를 했으며 카지노 전체 매출 가운데 40~60% 정도가 VIP 정켓방에서 발생한 매출이다.(2019년까지)

스탠리 호는 VIP룸을 롤링업자에게 수십억 원씩 보증금을 받고 임대했는데 수익금의 일부도 함께 받으면서 카지노 경영의 새로운 지평을 열었다는 평가다.

마카오 정켓방이 활성화된 뒤 마카오에는 지난 2010년 기준으로 태양성, 지메이 등 대형 정켓방을 비롯해 200여 개 수준의 정켓방이 성업했다.

마카오 카지노에서 정켓방이 활성화된 이후 정켓방 가운데 태양성은 가장 규모가 큰 정켓방으로 명성을 날렸는데 지메이는 스탠리 호의 네 번째 부인이 대표인 것으로 알려졌다. 마카오 2위 규모의 매출을 자랑하던 지메이는 시진핑 정부의 반부패 청산 작업에 따라 2021년 문을 닫았다.

특히 세계 최대 정켓방으로 알려진 태양성(선시티그룹)은 2007년 앨빈 차우(중국명 저우차오화)가 창업한 뒤 베트남, 필리핀 등지에 카지노리조트 사업은 물론 영화와 부동산 등 다양한 사업을 펼쳤다. 그러나 시진핑 정부의 반부패 척결의 칼날을 비켜 가지 못하고 지난 2021년 11월 말 중국 경찰에 체포된 뒤 태양성 신화는 몰락 위기를 맞고 있다. 현재 마카오의 정켓방은 사실상 폐업 상태다.

마카오 카지노가 호황을 누리던 2010년경 한국인들이 마카오 MGM 카지노의 정켓방을 얻는 비용은 룸당(테이블 4~6개 기준) 30억 원 수준으로 알려졌다.

스탠리 호의 아이디어로 시작된 VIP룸 임대 제도(정켓방)는 필리핀과 대한민국에도 전파되었고 아시아의 상당수 카지노에서도 이를 모방하고 있다.

천재적 사업 수완을 발휘했던 그는 일반 여객선을 운행하던 홍콩과 마카오 구간에 빠르고 안전한 페리로 교체해 고객 편의를 도모하며 훨씬 많은 고객들을 카지노에 실어 날랐다.

페리 개통 후 마카오를 찾는 카지노 고객들이 급증했지만 스탠리 호는 이에 만족하지 않고 VIP 고객용 헬리콥터까지 운행토록 하면서 '하늘과 바다에 도박장을 차린 대단한 사람'이라는 별명을 얻기도 했다.

또 스탠리 호 이야기에서 마카오 택시를 빼놓을 수 없다.

마카오 택시는 택시 외관을 검정색(80%)과 노란색(20%) 단 2가지로 통일했는데 이 역시 풍수를 선호하는 스탠리 호의 아이디어라는 것이다.

사람이 죽으면 장례를 치르는데 검정 상복을 입고 죽은 망자에게 노란 삼베옷을 입히는 것에 착안해 택시 색상을 이렇게 했다는 것이다. 즉, 페리호나 비행기 편으로 마카오에 방문하는 관광객들 모두 빈털터리가 되라는 의미를 담고 있다는 것이 검정과 노란색 택시의 탄생 배경이라는 설명이다.

마카오 최초의 카지노 호텔로 알려진 리스보아 호텔에서 '회유어(回遊漁)'를 빼놓을 수 없다. 1990년대 지하 아케이드 매장 주변에서 성행하던 독특한 매춘업으로 인해 마카오를 방문하는 관광객들에게 별난 관광 코스로 인기를 끌었기 때문이다.

길이가 300m가량 되는 리스보아 호텔 지하의 타원형 아케이드에 물고기처럼 빙빙 돌면서 매춘 영업을 하는 소위 '회유어(回遊漁)'로 불리는 여성들이 즐비했다.

1990년대 호텔 손님이 감소하자 리스보아 호텔에서 이를 만회하기 위해 시작된 '회유어' 여성들의 영업활동은 지난 2015년 중반 마카오 당국에 의해 폐쇄되면서 자취를 감췄다.

마카오의 특이한 관광 코스로 알려진 이곳의 성매매 여성들은 남성을 유혹하면서 가만히 서서 흥정을 하면 불법이기 때문에 빙빙 돌면서 손님과 흥정을 했다고 한다. 이 때문에 '회유어'라 불렸다. 타원형의 아케이드를 돌면서 회유어 여성들은 관광객들에게 미소를 보이기도 하지만 손님이 자신을 쳐다보면 노골적으로 눈짓을 하면서 은밀한 데이트를 요구하는 것이다.

리스보아 호텔에서 고객 유치를 위해 중국이나 러시아 윤락 여성들에게 싼 가격으로 호텔 객실을 임대했는데 평소 그 수가 100여 명 수준에 달한 것으로 전해졌다. 당시 리스보아 호텔 지하에 성매매 여성들이 성업한 것 때문에 언론에서는 홍콩의 폭력 조직인 '삼합회'와 연계해 운영한다는 소문이 돌기도 했다.

스탠리 호는 홍콩섬의 마카오 페리 터미널로 쓰이는 곳은 자신의 계열사(순탁그룹)를 통해 페리 사업을 하도록 했고 홍콩 페리 터미널 명칭은 '순탁센터'로 부르고 있다.

현재 순탁그룹은 그의 두 번째 부인과의 사이에서 낳은 딸 팬시 호가 경영하고 있다.

마카오 카지노 황제로 알려진 스탠리 호의 해외 투자기회가 여러 차례 있었던 것으로 알려진다.

1971년 말레이시아 '카지노의 전설'로 알려진 림고통 회장이 카지노 면허 취득과 개장을 앞두고 2차례에 걸쳐 마카오 스탠리 호를 찾아와 카지노의 경영 노하우 전수를 요청했지만 스탠리 호는 이를 거절한 것으로 알려졌다. 마카오에서도 카지노 사업으로 정신없이 바쁜데 말레이시아 밀림 산악지역의 카지노는 성공 가능성을 불투명하게 본 것 때문으로 전해진다.

일반인들에게 잘 알려져 있지 않지만 스탠리 호는 북한에서도 카지노 사업에 진출한 것으로 알려졌다.

마카오와 북한이 가까워진 계기는 1975년 포르투갈 좌파 청년장교 주축으로 펼친 카네이션 혁명이었다. 포르투갈이 공산화되자 북한은 그해 마카오와 수교했다.

당시 마카오는 동독과 함께 북한 해외공작의 양대 축이었으나 1990년대 초반, 동구권 국가들이 몰락하면서 북한의 마카오 의존도가 더 심해진 것으로 알려졌다. 마카오는 북한의 돈세탁을 비롯해 무기 판매, 위조지폐 유통, 마약밀매, 사치품 조달, 해외 테러의 창구로 수십 년 이상 이용돼 2005년 미국이 마카오 소재 방코델타아시아(BDA)를 북한의 돈세탁에 관여한 문제로 제재하면서 막을 내렸다.

당시 마카오 주재 북한 대표부 역할을 해 온 곳이 조광무역이었다. 김정은의 비자금 창구 역할을 해 온 것으로 알려진 마카오 조광무역은 북한 나선과 평양 두 곳의 카지노 수익금도 조광무역에 흘러 들어 갔다. 북한 김정은은 이라크 등 중동의 상당수 국가들에게 무기 판매를 통해 거액의 외화를 벌어들였는데 이 역시 조광무역이 수익금을 챙겼고 김정은의 장남 김정남의 스위스 비밀은행에 입금된 것으로 전해지고 있다.

홍콩과 마카오에서 명품 시계 사업으로 재벌이 된 '앨버트 영'은 1996년 평양에 진출해 김정일의 장남 김정남과 협의를 거쳐 북한 당국으로부터 카지노 사업 허가를 받았다.

카지노 영업은 평양을 찾는 외국인 전용이다. 그는 2000억 원을 들여 평양에 수십 대의 테이블을 갖춘 소규모 카지노호텔을 건립한 것으로 알려졌다.

이후 앨버트 영의 소개를 받아 스탠리 호는 북한에 카지노 사업 문제로 방문한 것으로 전해진다. 1999년 10월 양각도호텔 평양오

락장 개관식에 스탠리 호는 전용기를 타고 평양을 찾은 것으로 알려지고 있다. 평양 카지노는 스탠리 호가 사업 허가를 받았고 태양성 대리점 형태의 소규모로 운영된 것으로 알려졌다.

평양 양각도호텔 카지노 사업으로 김정일과 인연을 맺은 스탠리 호는 그러나 김정일과 교분을 맺지는 않은 것으로 전해지고 있다.

특히 마카오 경찰들의 태권도 교관으로 30년 넘게 근무했던 이동섭 씨(마카오 한인회장)와도 김정남은 10여 년 넘게 교류하며 돈독한 관계를 유지하였다.

이동섭 회장은 "김정남은 나를 아저씨라고 부르며 외로울 때는 전화로 술이나 한 잔 하자고 연락했다. 김정일이 끔찍하게 아낀 김정남은 해외에서 무기 판매 등으로 번 엄청난 돈을 스위스 은행 비밀계좌 등에 입금한 것으로 전해진다. 내 눈으로 확인한 잔고만 수조 원이 넘는데 김정남이 독살된 뒤 그 많은 거액이 그의 아들 김한솔에게 제대로 상속이 되었는지 불투명하다. 김정남은 착하고 순수했으며 정이 많은 편이지만 항상 누군가에게 쫓기는 불안한 모습이었다. 바닷가 그의 저택에는 경호원들이 항상 배치되었으며 보안장치가 완벽했다. 김정은의 독살 계획을 전혀 몰랐던 김정남은 말레이시아 여행이 비극적인 인생을 마치는 마지막 여행이 되고 말아 매우 안타깝다"라고 토로했다.

한편 1999년 마카오가 중국 정부에 반환되기에 앞서 스탠리 호는 카지노 독점권을 계속 유지하기 위해 당시 수천억 원의 거금을 투자해 왕복 6차선의 '우의대교'를 건립해 마카오 정부에 기부 체납했다.

또 스탠리 호는 1999년 12월 마카오 반환을 앞두고 수백억 원을 들여 마카오에 마카오 타워를 건립한다.

대한민국 현대건설이 시공한 탓에 우리에게도 잘 알려진 마카오 타워는 2001년 마카오 반환 2주년을 기념해 스탠리 호가 특별 이벤트로 마카오 정부에 기부 체납했다. 이후 마카오 타워는 마카오의 랜드마크가 되었다.

세계에서 10번째로 높은 타워인 마카오 타워는 높이 339m이며 58층에 실내 전망대가 설치되었고 61층에는 야외 전망대도 있다.

야외 전망대에서는 스카이워크 엑스 223m 높이의 번지점프 등 익스트림 스포츠를 체험할 수 있으며 60층에는 2시간에 한 바퀴를 도는 뷔페식 회전 레스토랑 '360, 카페'가 위치해 있다.

마카오 타워공사를 현대건설이 시공하게 된 사연은 일반인이 전혀 모르는 비화다.

이동섭 마카오 한인회장은 "현대건설이 마카오 타워 입찰에 참여했다가 탈락했다. 시공업체가 선정된 뒤 현대종합상사의 전무가 마카오 타워 하청을 맡게 해 달라는 부탁이 왔다. 현대건설 출신의 전무는 나중에 금강산 관광을 주도한 현대아산의 부회장으로 근무하기도 했다. 그래서 나는 스탠리 호 회장에게 부탁해 현대건설이 마카오 타워공사의 하청을 맡도록 부탁해 성사되었다. 대한민국 국민으로서 또 한인회장으로서 국익을 위해 당연한 일을 했다"라고 회고했다.

마카오 대교는 리스보아 호텔을 마주하고 있는데 풍수를 선호하는 스탠리 호는 리스보아 호텔과 대교를 연결하는 형상이 '용이 승천하는 형국'으로 설계한 것으로 전해진다.

스탠리 호의 리스보아의 돈이 계속 넘쳐 나도록 한다는 풍수를 담았다는 것이 풍수업계의 전언이다.

한편 모든 카지노 게임이 고객보다 카지노(하우스)에 항상 유리하게 설계되어 있음에도 상당수 카지노들은 풍수로 무장하고 고객들에게 돈을 잃지 않으려고 혈안이 되고 있다.

'마카오의 카지노 황제' 스탠리 호가 마카오 최초로 건립한 리스보아 호텔의 건물 디자인을 고기 잡는 그물 형상과 새장처럼 만든 것에서 시작한 풍수는 이후 카지노 풍수의 시발점이 되었다.

그랜드 리스보아 전경

그랜드 리스보아는 황금색의 반원형 카지노 영업장은 묘지를 상징하고 호텔 상부는 연꽃을 형상화한 것은 고객은 돈을 잃고 하우스는 부귀영화를 누린다는 풍수로 알려져 있다.

2004년 5월 미국 라스베이거스 샌즈그룹이 최초 마카오에 개장한 샌즈(金沙) 카지노는 명칭부터 중국인들이 황금을 좋아하는데 착안해 금사(金沙)로 호칭을 했으나 이 역시 풍수를 적용했다. 파도가 치면 모래는 모두 바닷물에 씻겨 사라지고 마는데 고객들이 금사에서 알거지가 되라는 의미를 담고 있다는 것이다.

또 갤럭시 카지노 명칭도 하늘에 있는 공상 속의 나라이지만 스탠리 호는 마카오 반환 전까지 마카오 전체 세금의 58%를 납부할 정도로 마카오 경제를 좌우했다.

1999년 12월 중국에 반환된 마카오는 이듬해 2000년 카지노 독점권을 해제하는 법안을 제정하면서 스탠리 호의 40년 독점체제를 무너뜨렸다.

한편 마카오의 외지자본 투자 1호는 미국 라스베이거스의 셸던 아델슨 샌즈그룹 회장이었다.

마침내 2004년 5월 15일 라스베이거스 자본으로 세운 마카오 최초의 '차이나 샌즈'(샌즈 카지노)가 개장하면서 마카오에 '천지개벽'이 시작되었다.

당시까지 마카오의 모든 카지노는 천장이 낮고 실내 장식은 물론 조명도 칙칙한 분위기였다. 이런 카지노 분위기는 중국인들이 선호하는 스타일이었다.

그러나 샌즈 카지노가 개장하면서 높은 천정과 화려한 실내장식, 현란한 조명, 요란한 음악에 맞춘 호화로운 쇼까지 공연되는 카지노 객장은 중국인들의 눈을 휘둥그레 만들기에 충분했다.

샌즈 카지노는 카지노 영업장 한 층에 게임 테이블이 수백 대에 달하고 게임 테이블 옆에는 아름다운 무희가 반주에 맞춰 노래와 춤을 추고 미니바에서는 맥주와 양주도 판매하고 있다.

샌즈에 반한 중국인들은 샌즈 카지노에 장사진을 쳤고 개장 10개월 만에 샌즈그룹은 투자금 3억 달러 전액을 회수하였다.

이런 여세를 몰아 샌즈는 타이파 매립지에 7조 원 이상을 투자해 2007년 마카오 최대 베네시안 카지노리조트를 개장했다. 베네치아는 스위트룸 3000객실에 아시아 최대 규모 컨벤션 센터와 수백 개가 넘는 대형 쇼핑센터, 대형 레스토랑, 이탈리아 베네치아를 그대로 모방한 운하가 설치되었다. 축구장 4배 넓이가 넘는 베네치아 카지노 영업장은 끝이 보이지 않고 호텔 상가에서 길을 잃으면 계속 같은 길을 반복할 정도의 면적에 압도당한다.

또 샌즈그룹은 2009년 코타이 지구에 '코타이 샌즈'를 세웠는데 이곳에는 쉐라톤, 콘래드, 홀리데이인, St레지스 등 4개의 세계적인 호텔 브랜드가 입점해 있다.

이어 샌즈그룹은 2016년 9월 갤럭시 카지노호텔 인근에 파리 에펠탑을 50%로 축소한 테마 카지노 리조트인 '파리지앵'을 개장했다.

또 라스베이거스의 전설로 알려진 스티브 윈은 리스보아 맞은편에 윈과 앙코르 호텔 카지노를 개장하고 인근에는 MGM이 개장해 마카오의 '카지노 황제' 스탠리 호의 자존심을 구겨 놓았다.

2004년 샌즈의 성공적인 개장으로 크게 자극받은 스탠리 호는 리스보아 호텔 인근에 5조 원을 투자해 마카오 최대 높이의 호텔인 228m의 그랜드 리스보아 카지노호텔을 2008년 개장하였다.

2008년 스탠리 호가 최대 주주로 있는 SJM 홀딩스의 카지노 매출이 140억 달러에 달해 마카오 전체 카지노 매출의 53%를 차지했다.

스탠리 호 부고 기사를 1면 톱으로 게재한 마카오 데일리(오문일보)

그러나 일생에서 항상 호시절만 있을 것 같았던 스탠리 호에게 비운의 그림자가 찾아 왔다.

2009년 7월 29일 홍콩의 저택에서 의식을 잃고 쓰러진 그는 병원에 입원한 이후 10년 넘게 투병생활을 이어가다가 투병생활 11년이 지난 2020년 5월 26일 숨을 거두었다.

2015년부터 병원 대신 홍콩에서 가장 넓은 저택으로 옮겨 치료를 받던 스탠리 호의 대저택에 설치된 의료장비는 국내 최고 대학병원의 수준 이상으로 알려졌다.

스탠리 호가 사망하면 그의 저택에서 사용하던 최첨단 의료장비 수십 종 모두를 마카오 의료당국에 기부할 것으로 알려지기도 했다.

2018년 기준 스탠리 호의 재산은 64억 달러(7조 9000억 원)에 달하고 있으며 생전 보석과 예술품에 조예가 깊었던 그는 리스보아호텔 로비에 자신의 수집품으로 '스탠리 호 컬렉션'을 조성해 놓았다.

그는 생전에 병원, 체육시설, 박물관 등의 운영을 지원하기도 했으며 1980년대부터 10년 이상 한국의 초등학교 태권도 선수단이 마카오를 방문하면 리스보아 호텔에서 숙식을 제공하는 등 태권도와도 깊은 인연이 있었던 것으로 알려졌다.

이동섭 마카오 한인회장은 "스탠리 호 회장은 수십 명의 한국 초등학교 태권도 선수단이 마카오를 방문하면 리스보아호텔에서 매년 숙식을 제공하는 등 10년 가깝게 한국의 태권도 선수단에게 후원하기도 하였다. 이런 인연으로 대한태권도연맹에서 스탠리 호 회장에게 명예 태권도 7단증을 수여하기도 했다. 그는 추진력이 매우 강했으며 정도 많은 남자로 기억된다. 맨주먹으로 재벌이 되었지만 그는 돈도 쓸 줄 아는 사람이라고 생각한다"고 전했다.

한편 스탠리 호가 쓰러진 이후 그의 아들인 로렌스 호가 경영일선에 나서며 타이파 지역에 2009년 복합카지노리조트 COD(시티 오브드림)를 개장하고 2015년 COD인근에 32억 달러(3조6350억 원)를 투자해 스튜디오 시티를 개장했다.

건물 안에 세계 최고 높이의 8자형 대관람차를 설치한 대형 복합카지노리조트 스튜디오 시티는 2015년 10월 27일 개장과 동시에 많은 화제를 뿌렸다.

이곳에는 라이브 콘서트와 영화, 스포츠 행사 등을 위한 5000석의 다목적 '이벤트 센터', 300석의 방청석을 보유한 TV 프로그램 제작용 '스튜디오 8', 마술 극장인 '하우스 오브 매직', 만화 캐릭터와 놀이기구로 구성된 4만㎡ 크기의 '워너 브로스 펀 존', 배트맨 다크 플라이트 4D 체험관 등을 갖추고 있다.

미국 MBA 출신의 로렌스 호는 마카오 COD에 미국 라스베이거스의 '3대쇼'(MGM 그랜드호텔 카쇼: 일명 불쇼, 윈호텔 르레브쇼: 일명 꿈의 쇼, 밸라지오호텔 오쇼: 일명 물쇼)를 능가하는 '더 하우스 오브 댄싱 워터쇼'(속칭 워터쇼)를 통해 COD의 위상을 전 세계에 알렸다.

COD를 마카오 최고의 엔터테인먼트 중심으로 부각시킨 '워터쇼'는 세계 최고의 쇼 제작자 프랑코 드래곤 감독에게 의뢰해 2011년 2억5000만 달러(2750억 원)의 제작비를 투자 만든 세계적인 작품이다.

이탈리아 출신 드래곤 감독은 서커스에 마술과 뮤지컬, 발레까지 혼합한 새로운 공연의 장르를 창조한 세계적인 거장이다. 미국 라스베이거스 태양의 서커스를 세계 최고의 엔터테인먼트로 업그레이드시킨 그는 마카오 COD에서 워터쇼를 통해 그의 진가를 여지없이 발휘했다.

세계에서 가장 호화롭고 규모가 큰 워터쇼는 아름다운 공주와 한 이방인의 사랑을 그린 중국 스타일의 탄탄한 스토리텔링을 주제로 장엄하고도 환상적인 라이브로 관객들을 압도한다.

25개국에서 스카우트된 80여 명의 세계적인 공연 예술가, 160여 명의 전문 다이버들로 구성된 최고의 출연진들에 의해 진행되는 공연은 단 한 순간도 눈을 뗄 수 없을 정도의 박진감이 넘친다.

총 3500석 규모의 COD 원형극장에서 펼쳐지는 워터쇼는 직경 24.7m인 중앙무대, 239개의 자동분수와 10t급 수압 엘리베이터 11대를 특징으로 무대를 수중에서 지상으로 곧장 전환시킬 수 있는 특징을 갖고 있다.

또 워터쇼를 더 역동적이고 아름답게 관람하도록 눈부시게 빛나는 의상과 놀라운 특수 시각 및 음향효과를 도입했다. 출연진은 쇼 내내 약 400벌의 의상을 소화하고 있으며 특별히 만들어진 슈즈 275켤레는 화려한 수중쇼를 위해 맞춤형으로 제작된 것으로 알려졌다.

특히 매회 공연될 때 흘러나오는 박진감 넘치는 음악은 드럼과 타악기, 키보드와 기타, 열후를 연주하는 4명의 뮤지션에 의해 라이브로 연주되는 특징을 자랑한다.

2011년 초연 이후 매회 매진행렬을 이어온 워터쇼는 2012년 중국 최고 마케팅상, 중국 최고 브랜드상 등 모두 5개 이상의 영예로운 상을 수상했다. 또 워터쇼는 녜년 테마 어워드'에서 라이브 쇼 부문에서 가장 뛰어난 공연물로 선정된 바 있다.

이동섭 마카오 한인회장은 "로렌스 호가 초대형 원형극장 건설에 이어 천문학적인 비용을 투자해 워터쇼를 준비하자 주변에서는 워터쇼가 무조건 실패하고 말 것이라고 혹평했다. 인구 65만의 마카오에서 엔터테인먼트는 시기상조라는 비난이 많았지만 개장 1년 만에 워터쇼는 투자금을 회수하면서 주변의 혹평을 대박으로 자신의 입지를 보여 줬다"고 말했다.

로렌스 호는 2009년 개장한 COD 카지노리조트에 대해 '꿈의 도시'처럼 "반드시 경험해야 할 방문지"를 모토로 한 아시아 최고 휴양리조트를 목표로 만들었다고 언론 인터뷰에서 밝혔다. 그는 또 타이파 지역에 5조 원 이상을 투입해 그랜드리스보아 팰리스 호텔리조트를 2020년 개장할 예정이었으나 코로나19 사태로 개장을 연기했다. 그랜드리스보아 팰리스리조트는 타이파 지역의 베네시안, 윈 팰리스, MGM타이파를 능가하는 시설과 규모로 추진했으나 갑작스럽게 닥친 팬데믹으로 고전을 면치 못하는 것으로 알려졌다.

그는 필리핀에도 진출해 마닐라에 COD를 2014년 성공적으로 개장한 뒤 러시아 블라디보스토크까지 보폭을 넓혀 지난 2015년 카지노호텔을 개장했다.

또 로렌스 호는 일본 열도 복합카지노리조트 사업에 10조 원 이상 투자하겠다며 세계 최고의 카지노 재벌들과 어깨를 견주고 있다.

한편 스탠리 호 회장이 2020년 5월 별세하기 1년 7개월 전인

2018년 10월 23일은 마카오 역사를 새로 쓰는 특별한 날로 기록된다.

세계에서 가장 긴 해상대교로 기네스북에 등재된 주강아오 대교는 중국 주하이~홍콩~마카오를 연결하는 55km 길이의 Y자형 대교로 주교량 29.6km, 해저터널은 6.7km에 이른다. 터널 양단에는 인공섬을 만들었고 리히터 규모 8에서도 견디는 내진설계, 최대 풍속 200km까지 버틸 수 있는 내풍설계로 유명하다.

약 7조 원 이상이 투자된 주강아오 대교는 중국 70억 위안, 홍콩 67억 5000만 위안, 마카오 19억 8000만 위안을 각각 출자했고 나머지는 은행에서 조달해 공사비를 충당했다.

2009년 12월 착공한 이 대교는 8년 가까운 공사 기간 총 42만 톤의 강철을 사용했는데 이는 60개의 에펠탑을 만들 수 있는 어마어마한 양이다.

강주아오 대교는 교통사고 예방을 위해 시속 100km로 제한했지만 실제 최고 속도는 80km로 제한하고 있어 홍콩에서 마카오까지 약 40분가량 소요된다.

중국에서 '메가 프로젝트'로 불린 강주아오 대교는 영국 '가디언'에서 '현대 7대 불가사의' 중 하나로 꼽고 있다.

지난 2018년 10월 24일 강주아오 대교가 개통되면서 홍콩과 마카오를 연결하던 페리호는 승객 감소로 상당한 타격을 받은 데 이어 2020년 2월 코로나19 사태까지 겹치며 순탁그룹의 페리사업에 타격을 준 것으로 전해졌다.

홍콩에서 페리를 타고 마카오로 이동할 경우 1인당 270홍콩달러(3만 9000원)를 내야 했지만 버스를 이용하면 편도 60홍콩달러(8600원)로 페리호에 비해 1/5이 조금 넘는다.

2. 말레이시아 '전설' 겐팅 그룹 '림고통 회장'

인도차이나 반도에 자리한 말레이시아 '리조트월드 겐팅' 그룹은 무에서 유를 창조한 복합카지노리조트 재벌이다.

입헌군주국이자 회교 국가인 말레이시아에서 중국인 화교가 험난한 밀림 산악지역에 카지노리조트 사업을 성사시킨 인물은 '말레이시아의 전설'로 알려진 '림고통(林高通)' 리조트월드 겐팅 창업주다.

림고통 창업주는 강원랜드 인수를 위해 (강원랜드를)두 차례나 방문할 정도로 대한민국 및 강원랜드와 각별한 인연을 갖고 있는 인물이기도 하다.

또 그는 겐팅 카지노 개장에 앞서 대한민국 전락원 파라다이스 회장으로부터 카지노 경영 노하우를 전수받은 특별한 인연도 갖고 있다.

대한민국에서 맨주먹으로 현대그룹을 일군 고 정주영 회장과 비견되는 말레이시아의 입지전적 인물로 회자되는 림고통 회장의 일대기는 지칠 줄 모르는 도전과 난관을 극복하는 불굴의 투지가 물씬 묻어난다.

림 회장이 최고의 역작으로 만든 겐팅 하이랜드는 '돈만 있다면 평생 내려오고 싶지 않은 곳'으로 세계인들의 찬사를 받고 있는 가운데 할리우드나 홍콩 등 영화 제작자들이 영화 속 화려한 휴양지 촬영을 위해 방문할 정도로 아름다운 곳이다.

겐팅 그룹 창업주 림고통 회장의 자서전 표지

또 이곳은 동남아의 젊은 청춘들이 신혼여행지로 가장 선호하는 리조트 가운데 하나이며 전 세계 카지노리조트 중 해발 1800m의 가장 높은 곳에 위치한 탓에 구름 위의 리조트라는 별칭을 듣기도 한다.

림고통 회장의 이름에 얽힌 이야기는 예사롭지 않은 사연을 남기고 있다. 그는 세계적인 관음차 생산지로 유명한 중국 푸젠성 안시 지역에서 1918년 평범한 가정의 7남매 중 다섯째로 태어났다.

그의 외할아버지는 새의 왕인 '봉황'은 오동나무에만 동지를 튼다는 전설처럼 모두에게 존경받는 훌륭한 사람이 되라는 의미에서 '고통(高通)'으로 작명하였다.

외할아버지의 작명 때문인지 '고통'은 세계적인 고원휴양리조트를 성공시켜 이름값 이상의 커다란 족적과 명성을 남겼다.

가난하지만 엄격한 아버지와 인자한 어머니의 영향으로 한 가지 일에 노력하고 문제에 정면으로 맞서 문제를 해결하고 결국 성공할 때까지 인내해야 한다고 배웠다.

14세에 말레이시아 쿠알라룸푸르에서 볶음국수 장사를 하던 형이 26세의 젊은 나이로 요절하고 2년 뒤 부친마저 세상을 뜨자 인생의 큰 전환기를 맞는다.

졸지에 가장 역할을 떠맡게 된 16세의 림 회장은 학교를 중퇴하고 부친이 하던 채소 씨앗과 찻잎을 파는 행상으로 힘난한 세상과 맞닥뜨렸다.

친척에게 채소 씨앗 구입을 위한 사업 자금 2달러를 빌려 장사를 시작하였다. 그러나 의욕적으로 시작한 장사는 첫날부터 시련에 봉착했다. 당시 첫 장사 실패가 얼마나 큰 충격과 상처를 주었는지 70년이 지난 뒤 펴낸 자서전에서 당시의 비통한 심정을 다음과 같이 토로하였다.

"아버지의 사망은 집안의 재앙이었다. 집안을 부양해야 할 책임을 맡은 나는 곧장 다니던 학교를 그만두고 아버지가 하던 사업을 떠맡았다. 친척에게 빌린 2달러로 채소 씨앗을 구매했지만 첫날은 판매실적이 전무했다. 밤에 잠자리에서 굴욕적인 좌절감에 눈물을 흘렸다. 그러다가 아버지의 많은 단골손님 생각이 났고 왜 그분들에게 도움을 요청할 생각을 못했나 하는 후회가 들었다. 다음 날 아버지의 단골인 할머니를 찾아가 손님을 소개해 달라고 간청하였고 결국 채소 씨앗을 모두 팔 수 있었다. 자본금 2달러로 첫 장사에서 총 2달러 80센트를 번 것이다. 매일 동트기 전에 집을 나와 용천까지 이동해 매를 사냥하기도 했고 채소 씨앗 판매를 하면서 2년간 72달러를 모았다."

림 회장은 18세가 되던 해, 노력에 비해 돈벌이가 변변치 못한 씨앗 장사를 때려치우고 말레이시아에서 건설업으로 자리를 잡은 삼촌처럼 성공하기 위해 목수로 새로운 도전에 나선다.

이런 와중에 '말레이시아 드림'을 앞당기는 결정적인 일이 생겼다. 말레이시아에서 건설업으로 성공 가도를 달리는 삼촌이 조카 학비에 보태라며 200달러의 '거금'을 송금한 것을 보고 말레이시아행을 앞당기기로 하였다.

그는 모친에게 빌린 100달러와 자신이 저축한 75달러 등 총 175달러를 들고 1937년 2월 초 19세의 나이에 3000t급 화물선 겸 여객선에 몸을 실었다.

8일간의 항해 끝에 싱가포르에 도착한 림 회장은 열차를 타고 쿠알라룸푸르의 4번째 삼촌을 찾아갔다. 삼촌의 숙소에서 건설 현장의 노동자(목수)로 말레이시아 드림을 시작하였다. 하루 종일 힘든 일을 해도 손에 쥐는 일당은 80센트에 불과했다. 비오는 날은 한 푼도 받지 못하는 막노동꾼의 생활은 생각보다 녹록지 못한 어려움의 연속이었다.

특히 열악한 건설 현장 일보다 더 큰 문제는 현지 언어를 제대로 구사하지 못하는 것이었고, 그는 답답함을 느꼈다. 이에 그는 언어의 중요성을 인식하고 끈기와 부지런함으로 현지어를 배워 나갔다.

삼촌 밑에서 목수 겸 막노동꾼으로 2년간 다양한 경험을 거치고 말레이시아 현지어를 어느 정도 구사하게 되자 마침내 건설하청업자 독립을 결심하였다.

독립 후 첫 번째 공사는 2층 규모의 학교를 짓는 일이었는데 성공적인 공사로 100달러가 넘는 이익을 본 그는 엄청난 만족감에 고무되었다.

건설업 하청으로 악착같이 일하면서 돈을 벌고 차츰 안정궤도에 이르는가 싶었는데 청일전쟁이 격렬해져 어머니 안전도 궁금해지고 향수병까지 생겼다.

결국 1940년 11월 29일 중국에 온 지 3년 10개월여 만에 꿈에도 그리던 어머니를 만나기 위해 싱가포르를 거쳐 푸젠성 안시 고향으로 향했다.

고향에서 어머니와 재회한 뒤 다시 말레이시아로 돌아왔으나 그는 그러나 당시 며칠만 말레이시아 행이 늦었어도 일본군의 출국금지로 말레이시안 드림이 무산될 뻔하였다. 쿠알라룸푸르에 돌아온 그는 건설업으로 돈을 벌어 금의환향해야 한다는 일념으로 근면, 성실을 중시하는 가치관으로 사업에 매진했다.

이런 그에게 2차 대전 종료는 천운의 기회가 되었다.

패전한 일본군이 퇴각한 뒤 영국 식민지 정부는 전쟁 중 파괴된 공공시설 재건에 본격 나서게 되었는데 재건 공사에 필요한 크레인, 불도저, 콘크리트 믹서차량 등 다양한 최신형 기계와 장비를 대량으로 수입했다.

1946년 본격적인 재건 사업이 시작되면서 건설업 역시 호황을 맞았고 림 회장의 건설업도 1949년 상반기까지 돈을 자루에 쓸어 담을 정도로 큰 수익을 올렸다.

재건 사업이 종료되자 식민지 정부는 수천 대의 중고 중장비를 헐값에 민간에 매각하기 시작하였다. 건설업으로 돈을 번 림 회장은 어느덧 사업적 안목까지 겸비한 탓에 중고 중장비 매입이 큰돈을 벌 수 있다는 점에 착안해 중장비 매각 입찰에도 뛰어들었다.

전쟁이 끝나자 중장비는 민간사업 영역에서도 수요가 급증했고 고장 난 중장비 수리를 통해 더 많은 이익을 남기는 수완도 발휘하였다.

당시 전쟁 때문에 문을 닫았던 말레이시아의 주석광산, 철광산은 물론 고무 농장에 중장비가 많이 필요했다. 입찰을 통해 매입한 중고 장비를 수리한 뒤 이를 광산과 고무농장 등에 판매하면서 그는 건설업보다 더 많은 돈을 단기간에 벌게 된다.

이때 림 회장은 말레이시아 최고의 철광회사에서 5만 3000달러 규모의 불도저 2대를 판매하면서 인연이 되어 철광석 광산 3곳을 인수했다. 이렇게 사업을 확장해 말레이시아에서 그의 존재가치가 점차 높아졌다.

종업원도 없이 하청업자로 건설업에 뛰어든 림 회장은 사세를 키워 말레이시아 유력 종합건설회사로 성장하게 되었고 이후 승승장구하였다. 다른 건설사가 포기한 고속도로와 상수도공사를 성공적으로 완수하면서 림 회장의 회사는 쿠알라룸푸르시의 신뢰를 얻는 결정적인 계기가 되었다.

특히 1954년 쿠알라룸푸르 시 정부가 발주하는 4마일 길이의 하수도 공사를 수주했으나 이미 이 공사에 참여했던 두 곳의 대형 건설업체가 하수도 공사 때문에 파산할 정도로 매우 어려운 난공사였다.

당시 말레이시아의 한 건설사는 하수도 공사에 참여했다가 주체할 수 없는 공사비를 감당하지 못해 파산했고 영국의 유력 건설업체 역시 이 공사에 참여했다가 8개월 동안 아무런 실적도 올리지 못했던 난공사 중의 난공사였다. 이에 따라 건설업계에서는 쿠알라룸푸르 하수도 공사는 건설업체를 부도나게 만드는 '저승사자 공사'라는 소문이 나기도 하였다.

이런 상황에서 하수도 공사를 맡은 림 회장은 이전처럼 암석을 뚫고 콘크리트 타설을 하는 공법을 진행하는 순간 순식간에 사방에서 물이 들어와 공사를 진행할 수 없었다. 몇 번의 실패를 경험한 림 회장은 해결방법을 고민하다가 기존의 물 펌프 대신 광산에서 사용하는 자갈 펌프를 이용해 물을 빼내는 아이디어를 생각했다. '자갈 펌프'는 도저히 진행할 수 없는 난공사를 가볍게 해결하는 구세주였다.

주변에서 림 회장의 건설회사(킨화트)가 하수도 공사 때문에 파산할 것이라고 우려했으나 4년 만에 공사를 성공적으로 완공하자 쿠알라룸푸르 시정부가 표창과 함께 A등급 건설회사로 격상하는 기회를 제공하였다. 이 공사를 계기로 림회장의 건설회사는 쿠알라룸푸르 시는 물론 정부 발주 공사의 어떤 규모 공사도 모두 참여할 수 있는 우선권을 갖게 된 것이다.

림 회장은 자서전에서 당시 하수도 공사와 이후 진행된 댐 공사에 대해 다음과 같이 회고하였다.

"나의 건설회사 킨화트가 하수도 공사의 성공적인 시공과 동시에 1955년 쿠알라룸푸르 시 당국으로부터 A 클라스 건설회사로 승격된 것은 매우 중요한 일이었다. 나에게 그것은 성공적인 계약자가 되었다는 내 꿈을 실현하기 위한 비약적인 의미였다. 킨화트 회사는 모든 공사를 발주할 수 있는 능력을 인정받는 것이었고 건설업계에서 더 높은 지위로의 도약대였다.

또 이후 1950년대 킨화트에 의해 수행된 모든 프로젝트 중에서 가장 큰 자부심을 가졌던 것은 페낭에 있는 아이어 이탐 댐이었다.

독립 기간 이전에는 말레이시아의 모든 주요 건설 프로젝트는 영국 중심의 외국인 건설업체에 의해 독점적으로 진행되었다. 1957년 나의 건설회사가 에어 이탐 댐을 건설하기 위해 입찰되었을 때 첫 자국 건설회사 수주였고 말레이시아 건설업계의 하나의 이정표로 받아들였다. 1200만 달러 댐 공사는 말레이시아 건설수주에 있어 새로운 기록이었다. 댐의 성공적인 완공으로 킨화트에게 명성을 안겨 주었고 이 댐으로 인해 말레이시아의 최고로 주목받는 건설회사가 되었다.

처음부터 나는 댐 공사가 얼마나 중요한지 깨달았다. 나의 건설회사가 창업한 이래 가장 큰 규모의 프로젝트를 성공적으로 완료하는 것은 킨화트를 말레이이사 건설업계의 선두로 끌어올리는 돌파구를 의미할 것이지만 실패하면 회사를 파멸시킬 것으로 판단했다. 그래서 나는 최대한 조심해서 진행했다. 구체적인 사업 추진 일정을 준비하는 것과 별개로 오류와 사고를 예방하기 위한 치밀한 계획도 세웠다. 그러나 최선을 다했음에도 불구하고 사고가 발생해 5명이 숨지고 20여 명이 부상하는 인명피해가 발생하였다. 1957년 2월 착공한 에어이탐 댐은 숱한 시행착오와 새로운 공법을 통해 1962년 완공되었고 성공적인 댐 완공은 말레이시아 독립 후 나의 작은 선물이 될 수 있었다."

에어이탐 댐은 페낭지역 주민들에게 식수 문제 해결과 장마철 홍수 예방에 절대적인 기여를 했고 페낭 지역이 휴양지로 급부상하는

데 결정적인 기여를 하게 된다.

현재 말레이시아 제2의 도시 페낭이 '동양의 진주'로 불리고 있다. 페낭은 2022년 기준 세계에서 살고 싶은 도시 8위, 은퇴하고 가고 싶은 곳, 젊은이들의 배낭여행 천국에 자연, 문화, 엑티비티 체험이 가능한 도시로 2008년 도시 전체가 유네스코 세계문화유산에 등재된 바 있다.

한편 1786년부터 영국 통치를 받던 말레이시아는 태평양 전쟁을 일으킨 일본이 한국과 중국을 거쳐 인도차이나 반도까지 점령하면서 말레이시아까지 전쟁의 피해를 벗어나지 못하였다.

1945년 일본이 패망한 뒤에도 영국이 통치하던 말레이시아는 1957년 11개 주를 통합해 말레이 연방으로 독립하면서 입헌군주제 국가로 국왕 아래 총리가 행정부를 총괄하고 있다. 당시 말레이시아는 일자리가 부족했고 경제력도 아시아의 최빈국 수준이었다.

1957년 영국에서 독립한 말레이시아의 첫 대형 프로젝트는 페낭에어 이탐 댐이었고 이 댐을 수주한 뒤 무수한 어려움을 극복하고 댐을 성공적으로 완공한 림 회장은 지방은행의 대주주가 되면서 경제계의 거물로 이름을 올리게 된다.

림 회장의 건설회사는 쿠알라룸푸르의 대학교 긴축 공사, 모스크,

호스텔 공사를 비롯해 1963년에는 말레이시아 최대 길이의 술탄 야히야 푸트라 교량(8500m)공사, 파항 카메룬 하이랜드 수력발전소를 시작으로 총 4개의 수력발전소 등을 잇따라 수주했다.

특히 1968년에는 세계은행의 융자로 조성되는 장장 570km 길이의 교차관 개수로 건설공사를 진행하면서 그만의 독특한 공법으로 공사비와 정부예산도 크게 절감시켰다. 1960년대 중반, 림 회장은 이미 말레이시아 건설업계를 평정할 정도로 가장 성공한 건설업자가 될 수 있었다.

림 회장은 평생 건설업을 하면서 어떠한 경우에도 공무원에게 뇌물을 건네거나 공사비를 절감하기 위해 편법이나 불법을 진행한 일이 단 한 번도 없었다. 오히려 그는 공사비 절감과 공사 기간 단축을 위해 부단히 노력하고 연구하면서 말레이시아 건설업에 신화를 만든 인물로 회자되고 있다. 이런 그에 대해 업계와 주변에서는 폄하하거나 손가락질을 하는 일들이 비일비재하였다.

겐팅 하이랜드 전경

그는 자서전에서 "나는 업계에서 현명한 판단으로 추진하는 일들에 대해 최소한 12번의 조롱과 폄하를 당하였다. 1953년 철광업 프로젝트를 추진하는 과정에서 연간 400만 링깃(12억 원)의 수익을 예측했다. 그러나 주변에서는 모두 과장되거나 농담으로 생각하였다. 또 1956년 쿠알라룸푸르 하수구 사업도 건실한 두 곳의 건설회사가 파산했기 때문에 이 프로젝트 참여를 어리석은 것으로 손가락질했고 무조건 실패할 것으로 보았다.

이어 1967년 정부 발주의 교차관 개수로 공사를 경쟁사보다 1000만 링깃(100억 원) 낮은 가격으로 수주하자 업체들은 모두 나를 미쳤다고 했다. 그러나 나는 보란 듯이 성공시켰다. 특히 50세 가까운 나이에 재정적으로 편안한 노후를 보낼 생각을 하지 않고 겐팅 하이랜드 리조트 사업을 추진하자 위험한 모험이라고 만류했다.

이런 사업들은 그 당시 많은 사람들을 어리둥절하게 했던 질문들이었다. 사실 답은 간단하다. 나는 은퇴를 한 번도 생각해 본 적이 없다. 80이 훌쩍 넘은 지금도 나는 평소와 다름없이 일하고 있다. 나는 언제라도 사업적 모험에 착수할 수 있는 적합한 시기라고 생각하기 때문이다."라고 회고했다.

이처럼 림고통 회장이 다양한 수주를 통해 대규모 프로젝트를 성공적으로 마무리하면서 돈과 명성을 쌓았고 이러한 과정에 고원휴양리조트 단지 조성 아이디어를 우연한 기회에 만들었다.

그는 자서전을 통해 겐팅 하이랜드 발상을 다음과 같이 회고하였다.

〈1963년 당시 카메룬 하이랜드 수력발전 프로젝트의 하청업체로 서독의 유명한 회사가 주 계약 업체였다. 그날 밤, 나는 카메룬 하이랜드에서 독일 회사의 총지배인, 최고 엔지니어, 그리고 다른 간부들과 술을 몇 잔 마시고 나니 몸이 후끈 달아올라 신선한 공기를 마시러 밖으로 나갔다.

황홀한 고원 야경을 감상하며 서 있을 때, 시원한 바람이 불어왔다. 너무 고마운 마음이 편안하고 상쾌해서 나는 그저 눈을 감고 몸에 좋은 산중의 공기를 음미하기 위해 심호흡을 했다.

그때 '번쩍' 하고 기발한 생각이 뇌리를 스쳐 지나갔다.

가장 먼저 인상 깊었던 것은 열대 말레이시아에서는 누구나 가끔 휴가를 보내기 위해 시원한 산악 휴양지로 피서 가는 것을 좋아한다는 것이다. 이는 카메룬 하이랜드가 외국인 관광객뿐 아니라 현지인들에게도 인기가 많은 것을 보면 알 수 있다. 그러나 카메룬 하이랜드는 쿠알라룸푸르에서 차로 4~5시간 거리였고 오르막길은 좁고 구불구불했다. 쿠알라룸푸르에서 차로 한두 시간 거리에 산악리조트가 있다면 이상적인 것이다.

빠르게 발전하고 있는 말레이시아에서 국민들의 생활수준이 꾸준히 상승함에 따라 휴식과 레저를 즐기기 위해 산악 리조트를 찾는 사람들이 많아질 것이라는 확신도 들었다.

그렇다면 쿠알라룸푸르 입구에 산악 리조트를 개발하는 것은 어떨까요? 그 생각은 나를 흥분하게 만들었다.

그날 밤, 나는 어떻게 하면 산악휴양지 개발의 꿈을 이룰 수 있을까 생각하며 침대에서 몸을 뒤척였다. 나는 너무 흥분해서 하루 빨리 시작하고 싶었다.〉

다음 날 림 회장은 쿠알라룸푸르에서 승용차로 1시간 거리의 산악 지형을 파악했고 58km 떨어진 해발 1800m 높이의 구릉

울루 칼리 산악지대가 산악 휴양리조트로 이상적인 장소라는 판단을 하였다.

'쇠뿔도 단김에 빼라'는 말처럼 림 회장은 겐팅 리조트 탐험 팀 20명을 구성하였다. 35년 이상 함께 근무한 참모를 비롯해 철광산 사업으로 전문가가 된 간부와 직원 등으로 탐험 팀을 꾸린 것이다.

1963년 5월, 원주민의 안내를 받아 구능 울루 칼리산의 울창한 정글을 헤치고 가파른 계곡을 오르며 수많은 개울과 강을 건너 9박 10일 일정의 탐사를 시작하였다.

림 회장이 이끄는 탐험대는 지형, 배수, 토양 상태, 산림의 특성 등 자료를 수집하고 정리하였다. 그러나 문제는 구능 울루 칼리산 일대 리조트 개발 예정지가 파항주와 셀랑고르주 등 2개 주의 경계에 있다는 점이었다.

어느 주에 허가를 신청하느냐를 고민하다가 림 회장은 개발부지의 80% 가량을 차지하는 파항주에 겐팅 하이랜드 개발서류를 제출하였다. 파항주의 개발사업 담당자에게 자문을 구하다가 귀가 번쩍 띄는 이야기를 듣게 된다.

파행주의 간부 공무원은 "림 회장이 구상하는 고원리조트는 정부가 이미 산악리조트 단지로 개발을 구상했던 사업이다. 때문에 연방정부를 직접 상대하는 것이 중요하다. 이 사업은 타당선 조사 결과 밀림 산악 도로를 개설하는데 15년이 소요되는 것으로 나타나 국비로 산악 휴양리조트를 개발하는 것은 어렵다는 결론을 내렸다. 이 사업을 정부가 추진할 경우 야당이 결사반대할 우려가 높았고 인도네시아와의 갈등도 사업 추진에 큰 장애물로 판단되어 사업이 중단된 상황이다. 가장 큰 문제는 정부 재정으로 감당하기 힘든 투자비였다. 중앙정부는 민자 사업이 유일한 돌파구로 생각했지만 민간에서는 누구도 이 사업에 관심이 없었다. 천문학적인 사업비와 오랜 기간이 필요한 이 사업을 추진하려면 중앙정부의 도움을 받아야 신속히 처리될 수 있다. 이 사업을 위해 파행주 주가 툰쿠 총리를 직접 만날 수 있는 기회도 제공하겠다."라는 자세한 설명과 지원사격까지 자청한 것이 아닌가.

당시 림 회장의 진가는 쿠알라룸푸르와 중앙정부의 대형 프로젝트를 숱한 어려움에도 불구하고 적은 예산과 빠른 공사 기간 안에 성공시켰고 대단한 부를 축적한 화교로 인정받고 있었다.

1주일동안 겐팅 하이랜드 개발사업 구상 보고 내용을 준비한 림 회장은 초대 총리인 압둘 라만총리를 만나 산악 휴양리조트 조성 계획을 보고하였다.

툰쿠 총리는 즉석에서 "림 회장의 명성은 잘 알고 있다. 겐팅 하이랜드 사업에 필요한 모든 행정적 지원은 물론 관련 부지 취득까지 적극 지원하겠다. 국가가 못하는 사업을 민간에서 한다니 정부로서는 감사할 따름이다. 신속히 사업이 차질 없이 진행되도록 해 달라."고 승인을 약속했다.

평생 대형 건설 프로젝트에 이어 겐팅 하이랜드 리조트 개발사업까지 진행하게 된 림 회장은 별도 법인 설립 필요성을 절실하게 느꼈다. 마침내 1965년 4월 27일 겐팅 하이랜드 개발과 운영을 위한 법인을 설립했다.

이와 함께 림 회장은 파항주와 셀랑고르주에 겐팅 하이랜드 조성에 필요한 부지 4940헥타르(1494만여 평)와 1110헥타르(335만여 평)등 총 6050헥타르(1830만여 평)을 영구 임대를 신청하였다.

개발 면적의 77%에 달하는 면적의 무상 불허를 신청한 림 회장에게 파항주는 즉시 승인했으나 겨우 13%의 부지를 점유하고 있는 셀랑고르주에서는 99년 임대 조건으로 승인해 준다는 통보를 받았다.

말레이시아에서 40년 가까이 사업을 하며 산전수전을 다 겪은 림 회장은 셀랑고르주를 찾아가 담판을 지어야겠다는 판단이 들었다.

그는 셀랑고르주 담당간부와 주지사를 만나 설득했다.

"겐팅 하이랜드 리조트 사업은 산악 도로 개설과 호텔 및 리조트에서 근무하는 직원 숙소, 리조트 단지에 필요한 엄청난 양의 물과 전기를 공급하는 것은 물론 각종 편의시설 설치에 최소 30~40년이 소요된다. 막대한 투자비도 필요한데 개발 50년 후에 정부에 리조트 단지를 반환해야 하는 것은 매우 잘못된 생각이다. 파항시는 곧장 부지 무상 불하를 승인했는데 13%의 부지를 제공하는 셀랑고르주가 99년 임대 조건은 사업을 못하게 막는 것이나 마찬가지다. 투쿤 총리가 모든 지원을 아끼지 않겠다고 약속했는데 부지 문제를 가지고 총리에게 다시 찾아가야 하느냐."

림 회장의 진지하고 합리적인 설득에 셀랑고르주도 개발부지 무상 제공을 승인하게 된다.

림고통 회장은 정부가 15년을 예상한 진입 도로 건설공사를 6년 만에 종료할 계획을 세우고 1965년 8월 8일 겐팅 하이랜드를 착공했다.

평생 다양한 건설현장에서 체득한 경험과 산악 종합리조트 건설에 필요한 장비, 인력을 보유한 림 회장은 구상한 청사진에 따라 공사를 신속하게 진행하였다.

특히 정부 예산지원 필요성을 인식한 림 회장은 예산 확보 논리까지 세워 정부를 설득했다. 20km의 리조트 진입로 개설과 함께 해발 1000m이상 산악지대에 통신탑 설치를 제안하자 정부는 3년 내 완공을 조건으로 통신탑 설치 관련 비용 전액지원을 약속받는다.

이때부터 겐팅 하이랜드 공사 팀은 24시간 2교대로 공사를 시작하였다. 공사에 앞서 1팀은 밀림자대를 헤치며 진입 도로 측량 작업을 실시하였고 본 공사 팀은 벌목과 함께 불도저로 길을 뚫는 작업을 했다. 1단계 12km 공사를 하고 중간 기지를 세우는 작업이었는데 중간 기지에서 정상까지는 8km 구간이었다.

림 회장은 다양한 공사로 얻은 경험 노하우를 토대로 비용 절감과 공기 단축을 위해 도로 개설에 필요한 건축재료 중 화강암 조달을 위해 화강암이 풍부한 계곡에 중간 기지를 세우도록 하는 아이디어도 제공하였다.

또 림 회장은 비용과 공사 기간을 단축하기 위해 정글 공사 현장에 직원들의 임시 숙소를 만들거나 공사장 인근의 천연 동굴을 임시 숙소로 사용하는 아이디어를 활용하고 직접 인부들과 숙식을 함께 하였다. 당시 진입 도로 공사장에서 사용한 장비는 불도저와 트랙터는 물론 공기압축기, 덤프트럭 등이 핵심이었다.

겐팅 그랜드호텔 로비 입구에 설치된 사자발톱 형상

완벽한 공사를 위해 사업 초기부터 최선을 다해야 적성이 풀리는 림 회장은 1년 365일 쉴 틈이 없었다. 겐팅 하이랜드 공사 현장에 가장 많은 시간을 할애하면서도 댐과 교량, 상수도 공사 등 대형 공사프로젝트 현장까지 점검하는 것이 그의 일상이었다.

당시 12km 밀림 산악 도로 개설을 위해 림 회장은 햇빛을 가릴 수 있는 대나무 잎 모자를 쓰고 3년간 작업 지휘를 하다가 6번이나 죽음의 문턱에서 천운처럼 살아날 수 있었다.

그는 2003년 발간한 자서전에서 당시를 이렇게 회상했다.

1부: 아시아 전설

"내가 겐팅 하이랜드 산악 도로 공사를 하면서 최소 6번의 아슬아슬한 죽을 고비가 있었다. 나는 살아서 이런 이야기를 할 수 있어 행운아가 아닐 수 없다.

첫 번째 위기는 겐팅 로드의 21.5마일 지점에서 발생하였다. 조사를 돕느라 무척 바빴는데 새로 쓰러진 나무가 더 높은 곳에서 쓰러지면서 나의 몸을 간발의 차로 비껴 덮쳤다. 어깨에 가벼운 상처를 입고 옆으로 대피할 수 있었다.

두 번째는 5마일 겐팅 도로에서 공사를 점검하느라 지프를 몰고 산허리를 올라가는데 상부 토사가 미끄러져 내려와 지프를 때렸다. 차 뒷바퀴가 절벽에 매달렸고 까닥하면 수백 미터 협곡으로 추락할 순간인데 창문으로 기어 나와 겨우 목숨을 건졌다.

또 세 번째는 7마일 겐팅 도로의 가파른 경사로를 지프로 오르다가 저단 기어로 변속하는데 갑자기 브레이크가 파열되는 고장이 발생했고 차는 전속력으로 뒤로 미끄러지면서 내려갔다. 결정적인 순간에 차가 협곡으로 3400피트 아래로 추락하는 위기에서 산허리 방향으로 잽싸게 핸들을 돌려서 살아날 수 있었다.

이어 네 번째 위기는 오래된 겐팅 헬기장에서 해질 무렵에도 일꾼들은 바쁘게 움직이고 있었다. 여섯 명의 인부들과 아는 불도저 근처에 있었는데 갑자기 내가 서 있는 일대 땅이 꺼졌다. 나는 그 움직임을 감지하고 곧장 옆으로 뛰어내렸다. 다른 인부들도 마찬가지로 움직였다. 당시 1, 2초만 늦게 대피했어도 흙더미와 함께 계곡 아래로 쓸려 내려간 수천 톤의 진흙 더미에 매몰되었을 것이다.

다섯 번째 위기는 6마일 겐팅 도로에서 트랙터 한 대가 줄지어 늘어선 대나무들을 끌어내리고 있었는데 갑자기 30피트 높이의 나무가 내게로 와르르 무너지면서 머리를 강타하였다. 만약 내 조수가 며칠 전 사준 안전모 대신 평소 쓰던 대나무 잎 모자를 쓰고 있었으면 내 두개골은 박살 났을 것이다. 그 충격으로 혀가 깨물려 한동안 피가 줄줄 흘러내렸다.

여섯 번째 목숨을 잃을 뻔한 사고는 6마일 도로 부근 작업현장에서 굴착기 한 대가 앞뒤로 움직였다. 갑자기 바퀴 하나가 20피트 두께의 나무 대들보의 한쪽 끝에 부딪쳤다. 그 충격으로 빔의 다른 한쪽이 나를 향해 맹렬하게 돌진해 허리를 강타하였다. 그 충격으로 왼쪽 콩팥이 제거됐고 이후 오른쪽 신장은 악성 종양으로 1990년대 초반 제거되었다.

이처럼 밀림 산악 지형의 공사는 곳곳에 위험이 도사렸으나 운 좋게도 나는 6번의 아슬아슬한 죽음의 문턱에서 살아날 수 있었음을 천운으로 생각한다."

한편 1단계 공사가 막바지에 접어들 무렵 림 회장의 제안으로 대한민국 파라다이스 그룹의 전락원 회장과 사업 파트너십을 맺었다. 이에 현지에 파견된 파라다이스 간부의 회고록은 열악했던 현장모습을 생생하게 표현하고 있다.

당시 겐팅 하이랜드 공사 현장을 전락원 회장과 함께 찾았던 홍순천 전 파라다이스그룹 부회장은 전락원 회장의 추모집(2005년 발간)에서 다음과 같이 회고했다.

"1960년대 말 말레이시아 쿠알라룸프르 근교에 위치한 겐팅 하이랜드는 해발 5800피트 산봉우리에 있었다. 회장님과 내가 그곳을 찾았을 때는 이미 봉우리를 깎아 호텔을 짓고 있는 중이었다.

그러나 때마침 장마철이어서 대홍수가 지진까지 겹쳐 말레이시아에서는 40여 년 만에 겪는 최악의 악천후였다. 그런 악천후 속에서도 우리는 계획대로 겐팅 하이랜드를 오르기로 했다. 우리는 묶고 있던 호텔을 나서면서 비장한 각오로 호텔 측에 "우리가 돌아오지 못할지도 모르니 그런 일이 발생하면 한국대사관에 알려 달라"고 당부했다. 겐팅 하이랜드를 향해 올라가면서 산사태가 난 곳을 세어 보니 대략 400군데가 넘을 정도로 공사 현장은 매우 심각했다."

림 회장의 겐팅 하이랜드 개발사업은 진입로 공사부터 난관이었지만 리조트 개발 사업은 천문학적인 비용이 필요하였다. 그는 1965년부터 1971년까지 7년간 개발사업을 위해 평생 모은 재산을 집어넣고도 모자라 가장 아끼던 조호르의 알짜배기 고무 농장(2000에이커 규모)을 처분했다. 또 철광업, 하도급, 중장비 입찰 사업으로 번 돈과 은행에서 번 돈까지 털어 넣었지만 역부족이어서 파산 위기에 몰리기도 하였다.

엄청난 투자금 마련을 고민하다가 스트레스가 쌓여 건강을 위협받아 사업하며 알게 된 친한 경제계 인사들에게 자본 참여를 요청했다. 하지만 그들은 림 회장에게 투자 참여를 거절하면서 오히려 리조트 사업을 포기하라고 조언까지 하는 것이 아닌가.

투자 제의를 외면하고 평생의 작품으로 생각하는 겐팅 하이랜드 사업을 포기하라는 그들의 조언에 울화가 치밀었다. 림 회장은 이를 악물고 반드시 리조트 사업을 성공시켜 그들의 코를 납작하게 만들어 주겠다고 다짐하였다.

'하늘은 스스로 돕는 자를 돕는다'는 속담처럼 림 회장에게 인생 최고의 행운이 찾아온다.

정부가 엄청난 사업비 문제로 포기한 고원휴양리조트 사업을 화교 사업가에 의해 추진되는 현장을 툰쿠 총리가 갑작스럽게 방문해 깜짝 선물을 한 것이다.

진입로 공사가 막바지에 이르고 정상에 호텔과 부대시설 공사가 한창이던 1969년 3월 31일을 림 회장은 평생 잊지 못한다.

그날 툰쿠 총리는 림 회장과 공사 현장 핵심 관리자 등이 모인 공사 현장에서 즉석 연설을 했다. "정부의 도움 없이 말레이시아 국민들을 위해 고원 휴양단지를 개발하는 림 회장 덕분에 말레이시아 관광산업 발전에 크게 기여하고 있는 림고통 회장의 노력에 크게 감동했다. 우리 정부는 산악지역의 관광발전을 촉진시키기 위해 겐팅 하이랜드가 카지노 운영하는 것을 긍정적으로 검토하겠다. 정부가 겐팅 하이랜드를 위해 해 줄 수 있는 최고의 배려가 카지노 사업이라고 생각한다."

툰쿠 총리의 겐팅 하이랜드 카지노 사업 허가 검토 발언은 누구도 예상하지 못한 엄청난 특혜나 마찬가지였다. 외할아버지가 지어 준 이름 탓일까, 갖은 위기에서도 오뚝이처럼 재기했던 림 회장은 전혀 예상하지 못했던 카지노 사업의 행운까지 찾아온 것은 보이지 않는 손에 의한 것이거나 평소 어려운 일이 닥칠 때마다 진스웨 사원(중국 고향)의 부처에게 정성을 다해 기도한 효험이 나타난 탓일까.

툰쿠 총리의 카지노 내정 약속을 들은 림 회장은 당초 38실 규모로 계획했던 1단계 호텔 객실 규모를 당장 200실로 확장하기로 수정하였다. 또 림 회장은 곧장 카지노 사업을 위해 마카오 스탠리 호 회장과 대한민국의 전락원 회장을 만날 수 있도록 비서진에게 지시했다.

이런 상황에서 림 회장에게 국무총리가 카지노 사업을 허가해 줄 것이라는 소문이 알려지자 림 회장과 그의 측근을 납치한 뒤 카지노 사업권을 자신들이 독차지할 구상을 하는 엄청난 음모가 진행되기도 하였다. 림 회장이 스탠리 호 회장을 만나기 위해 마카오로 향한 뒤 림 회장의 측근이 아무도 모르게 납치되는 일이 실제 발생했다. 림 회장의 마카오 출발이 하루만 늦었어도 납치가 될 수 있었는데 이렇게 되면 림 회장과 겐팅 하이랜드의 운명도 크게 달라졌을 것이다.

마카오에서 스탠리 호를 만난 림 회장은 겐팅 하이랜드 카지노 사업에 도와줄 것을 요청했으나 카지노 면허도 받지 못한 상황에서 스탠리 호는 림 회장의 제안을 탐탁지 않게 보았다.

마카오에서 돌아오자 림 회장은 곧장 카지노 면허 신청서를 툰쿠 총리의 비서를 통해 정부에 제출했고 당일 오후 국무회의를 열어 겐팅 하이랜드 카지노 면허를 승인하였다. 림 회장의 카지노 사업 면허는 신청한 지 불과 6시간여 만에 면허가 발급된 것은 세계 카지노 역사상 최초의 사례로 알려지고 있다.

당시 국무회의에 얽힌 비화도 빼놓을 수 없다. 이날 국무회의는 겐팅 하이랜드에 대한 카지노 면허가 핵심 의제였다. 국무회의가 열리자 툰쿠 총리가 대뜸 툰드르 이스마일 내무부장관에게 고원휴양 리조트에 카지노 설치에 대한 의견을 물었다.

내무부장관은 "합법적인 카지노가 불법 도박을 억제하고 국가의 관광산업 발전을 촉진하기 때문에 겐팅 하이랜드에 카지노 설치를 허가하는 것이 타당하다고 생각한다. 또한 산꼭대기에 카지노가 위치하면 진입로가 하나밖에 없기 때문에 치안과 보안이 가장 안전하게 지켜질 수 있다."라고 겐팅 하이랜드의 카지노 설치 당위성을 밝혔다.

내무부 장관의 설명에 이의를 달 국무위원은 아무도 없었고 겐팅 하이랜드에 카지노 면허를 가장 먼저 제안한 툰쿠 총리의 구상에 국무위원이 반박할 수 없는 상황이었다.

결국 국무회의는 림 회장의 고원휴양리조트 사업에 날개를 달아줬고 오늘날 겐팅 하이랜드가 세계적인 종합 휴양리조트로 성공할 수 있었던 단초가 되었다.

1969년 3월 31일 툰쿠 총리가 리조트현장을 방문해 카지노를 처음 제안하고 28일 만인 4월 28일 카지노 면허 신청과 동시에 면허가 발급된 것이다. 겐팅 하이랜드의 카지노 면허는 이처럼 일사천리로 진행된 셈이다.

정부가 카지노 면허 발급소식이 언론보도를 통해 알려지자 야당과 언론에서 특혜시비는 물론 고원휴양리조트가 도박장으로 전락할 것이라는 비난이 쏟아졌다.

이 때문에 다른 민간 사업자들이 카지노 면허를 정부에 신청했지만 모두 반려되었다. 언론과 야당의 카지노 특혜시비로 인해 말레이시아는 카지노 추가 허가를 해 주지 않고 오늘에 이르면서 강원랜드처럼 겐팅 하이랜드도 53년 넘게 독점적 지위를 누리고 있다.

카지노 면허를 받은 림 회장은 비서를 시켜 마카오의 스탠리 호에게 승인서 사본을 보내도록 하고 홍콩에서 두 번째 만남을 가졌다. 카지노 면허를 전광석화처럼 빠르게 받은 것에 어리둥절한 스탠리 호에게 림 회장이 겐팅 하이랜드 카지노 사업에 힘을 보태 달라고 했다.

림 회장은 "툰쿠 총리와 정부지원으로 카지노 면허를 발급받았으나 우리는 카지노 사업에 경험이 없다. 카지노 사업에 성공한 호 회장께서 겐팅 하이랜드 카지노가 성공할 수 있도록 적극 도와주고 지원을 당부한다"라고 요청했으나 호 회장은 시큰둥한 반응이었다.

스탠리 호는 "정부가 카지노 면허를 전광석화처럼 승인해 준 것은 정말 놀랍다. 카지노 사업은 경험 있는 관리자와 숙련된 딜러들을 확보해야 하는데 말레이이사는 그런 인력이 없지 않은가. 산악 지역이라 접근성이 떨어져 겐팅은 마카오에 비해 겜블러들이 얼마나 방문할 수 있을지 모르겠다."라며 부정적인 반응을 보였다.

빈손으로 귀국한 림 회장은 호텔 객실을 늘리고 카지노 영업장을 신설하는 공사를 펼치며 대한민국 파라다이스 전락원 회장에게 도움을 요청하기로 하였다.

공사가 막바지에 접어든 뒤 림 회장은 대한민국 카지노 대부로 알려진 전락원 파라다이스 회장과 카지노 경영 노하우 제공과 일부 경영 참여 조건으로 3년간 계약을 맺었다.

한편 1971년 겐팅 카지노가 성공적으로 개장하자 말레이시아 정부는 세금 확보의 호기가 찾아왔다며 겐팅의 카지노 면허세 등에 대한 부과방침을 구상하였다. 당시 정부는 3개월 단위로 카지노 면허 기간을 연장하면서 높은 세금을 부과해 이익금의 상당액을 징수할 방침을 밝혔다.

이에 림 회장은 재부무, 세무부, 법무부, 통상산업부 등 6개 중앙부처 고위관료들과의 간담회에서 세금부과의 부당성을 설명하였다.

정부측 관계자는 "고원카지노 리조트 겐팅 하이랜드는 개척자 지위를 위한 적격 산업의 정의에 해당하지 않아 세제혜택 제공이 불가능하다. 특히 카지노 사업은 세계적인 추세에 따라 다른 기업들보다 더 많은 세금을 정부에 납부해야 한다. 이것은 정부의 법과 규정에 따른 것이기도 하다."라고 높은 세금납부 당위성을 강조하였다.

이에 물러설 림고통 회장이 아니었다.

그는 즉시 자신이 준비한 세금 유예 당위성을 설명하였다.

"리조트 개장 초기 매년 4억 원의 매출로 법인세로만 5년간 8억 원의 세금을 납부해야 한다. 현재 겐팅 하이랜드는 추가로 케이블카와 골프장, 부대시설은 물론 진입 도로 등에 많은 투자가 필요하다. 더 많은 관광객이 겐팅 하이랜드를 방문토록 하기 위해 추가 투자가 반드시 필요하다. 방문객이 더 많이 찾을수록 정부에 납부할 세금은 훨씬 증가하게 된다. 때문에 겐팅은 최소 5년간 개척자 지위를 받아 세금혜택을 받는 것이 정부에도 도움이고 겐팅 하이랜드에는 반드시 필요한 일이다."

진수위 사원에 설치된 겐팅 그룹 창업주 림고통 회장의 동상

정부는 림 회장의 설명을 납득하고 5년간 세금 납부를 유예하는 개척자 지위를 부여하였다. 또 5년 후 겐팅이 1년간 개척자 지위에 대한 연장을 신청하자 1년 연장 조건도 받아들였다. 당시 개척자 지위 5년 부여와 1년 연장에는 국무총리도 림 회장의 의견을 100% 받아들인 것으로 알려졌다. 림 회장은 겐팅의 사업뿐 아니라 설득력도 뛰어났다는 사실을 위기 때마다 보여 주었다. 림 회장의 요청에 의해 겐팅 하이랜드의 개척자 지위는 1977년까지 계속될 수 있었다.

통상 기업인들은 정부의 까다로운 규제나 예상치 못한 어려움에 봉착하게 되면 관료들에게 뇌물을 주고 문제를 해결하는 일이 많았다. 그러나 림고통 회장은 평생 사업을 하면서 어떤 어려움과 난관이 닥쳐도 뇌물로 사태를 해결하려는 생각이 없었다. 항상 정면 돌파로 모든 문제를 해결하는 습관을 이어 왔다.

그는 평생 5명의 총리와 매우 절친한 관계를 유지했지만 단 한 번도 뇌물스캔들이나 정관계 비리로 문제가 되었다는 언론보도가 없었다는 점이 이를 증명한다. 오히려 정부 고위 관료들이 림 회장의 사업을 도와주고 싶어 안달할 정도로 존경과 신뢰 관계를 유지하였다. 2003년 림 회장의 자서전 출간 소식에 2명의 전직 총리가 진심에서 우러나오는 축하 글을 보내 온 것이 대표적이다.

세리 압둘라하마드 바다와이 전 총리는 림 회장의 자서전 출간 기념사에서 "2달러의 빌린 자본으로 사업을 시작한 뒤 성공한 남자라면 50대에 편하게 은퇴할 수 있을 것이다. 황금기에 안락한 삶을 선택하는 대신, 그는 구눙 울루 칼리를 고원관광 휴양지로 탈바꿈시키려는 대담한 계획을 가지고 있었다. 당시 다른 사람들에 의해 명백히 터무니없는 아이디어로 여겨졌던 것에 대해, 그는 그가 가진 모든 것을 걸 준비가 되어 있었다.

정교한 현대식 타당성 조사나 현금 흐름 예측은 없었다. 모든 역경에도 불구하고 그는 그의 웅장한 비전을 현실로 전환시켜 림고통 회장을 말레이시아의 가장 훌륭한 기업가 중 한 명으로 구별하는 용기, 근면함, 그리고 인내의 종류의 증거로 삼았다.

말레이시아의 젊은 세대의 사람들이 그의 삶의 모험으로부터 많은 것을 배우고 그에 걸맞는 영감을 얻을 수 있을 것이라고 확신한다."라고 피력했다.

겐팅 하이랜드는 개장 초기부터 1984년 3월까지 상수도와 전기는 지방정부나 중앙정부의 도움 없이 100% 자체에서 해결하였다. 그러나 수천 객실의 호텔이 추가 개장하고 각종 부대시설이 속속 들어서면서 방문객이 하루 1만 명에 육박하자 전기 공급에 한계를 느껴 정부 전력을 공급받아야 했다.

그는 정부가 반대하는 전기 공급을 위해 진입로부터 리조트 정상까지 20km 구간에 자비를 들여 전기 송전철탑과 변전소를 세우자 정부는 1984년 4월부터 전기를 공급하기 시작하였다.

특히 림 회장은 자연친화적인 건설을 강조했으며 화재로부터 건물과 인명을 보호하기 위해 자체 소방서를 건축하고 최신 소방차와 소방시설을 설치한 뒤 정부에 기증하였다.

1997년 2월 21일 소방서 준공 및 기증식에는 다툭 세리 마하티르 모하마드 총리가 직접 착석하였다. 겐팅은 그해 세계 최고 수준의 장비를 장착한 독일제 소방차 2대와 산악 지형 전문 소방 장비를 구입해 정부에 기부했다. 겐팅 하이랜드 리조트 단지에 설치된 겐팅 소방서와 겐팅경찰서는 주정부 소속이지만 인건비와 운영비는 전액 겐팅 하이랜드에서 지급하고 있다.

한편 겐팅 하이랜드는 카지노와 리조트가 성공적으로 개장한 이후 1971년 쿠알라룸푸르 증권거래소에 상장하였다.

겐팅 하이랜드의 '아와나 골프클럽'도 명품 골프장으로 유명하다.

골프코스 전문 디자이너 '로널드 프림'이 설계한 아와나 골프장은 해발 945m지점 산 중턱에서 위치해 항상 선선하고 쾌적하다. 하루에 36홀을 거뜬하게 도는 한국 골퍼가 많은 것으로도 알려졌다. 고원지대라 소나무가 많이 자라고 있으며 높은 산을 깎아 만든 골프장이라 페어웨이는 대부분 좁지만 울창한 숲이 굽이굽이 펼쳐지고 자연 그대로의 시냇물이 해저드를 이뤄 색다른 골프장의 매력을 제공하고 있다.

림 회장은 1997년 IMF에도 불구하고 10억 링깃을 투자해 6300 객실의 세계 최대 규모 퍼스트 월드 호텔 건립 계획을 발표하였다.

주변에서는 IMF 위기에 투자는 위험하다고 주변에서 강력하게 반대했으나 위기일수록 투자를 늘려야 한다는 림 회장의 경영 의지에 따라 투자를 결행했고 결과는 대성공이었다. 겐팅 하이랜드의 퍼스트 월드호텔은 단일 호텔로 객실 규모 세계 최대로 기네스북에 등재되었다.

이후 림 회장은 2차선의 겐팅 하이랜드 진입 도로를 4차선으로 확장하는 사업을 비롯해 시간당 2000명을 수송할 수 있는 세상에서 가장 빠르고 가장 긴 케이블카를 설치해 쿠알라룸푸르에서 리조트 진입로 입구까지 45분, 케이블카 탑승 12분 등 총 57분으로 단축시켰다.

특히 림 회장은 리조트 단지 내에 '자야' 명칭의 소규모 도시를 조성했는데 이곳에는 3층, 4층, 18층 규모의 아파트 단지, 호텔, 학교(초중고)를 건립한 뒤 직원 숙소 외에는 일반인에게 분양도 하였다.

겐팅 하이랜드를 이야기하는 데 '진스위 사원' 이야기를 빼놓을 수 없다.

겐팅 하이랜드가 성공적으로 운영되던 1975년 림 회장은 해발 1500m에 28에이커의 부지에 절을 짓기로 하고 '진스위 사원 건립위원회'를 설립해 자신이 직접 추진을 총괄 지휘했다.

그는 자서전을 통해 "중국 안시성에 있는 진스웨 사원을 흠모해온 탓에 리조트 단지에 진스위 사원 건립 계획을 세우고 1976년부터 공사를 시작하였다. 1단계 공사는 1979년 9월 20일 완료되었다. 박애주의자인 탄 스리 리엔 리안의 주례로 진스위 신의 동상을 설치했다. 2단계 확장 공사는 9층탑인데 1988년 중반에 시작해 1993년 완공되었다. 진스위 사원은 총 20억 원(1993년 기준) 넘는 자금이 투자되었다."라고 회고하였다.

공사 시작 18년이 지난 1994년 3월 29일 진스위 사원 준공 및 개장식에는 다툭 세리 운수부 장관과 임직원, 수천 명의 관광객과 불교신자 등이 참석하였다.

이곳에는 림 회장 중국 고향의 진스웨 사원과 거의 흡사하게 건축된 것으로 알려졌다. 림 회장은 생전에 자신이 선정한 진스위 사원 부지에 자신이 묻힐 장소를 선정하고 대형 동상도 세웠다.

진스위(청수조사)는 송나라 말의 승려로 원나라에 맞서 싸운 민족 영웅으로 알려진 인물이다. 진스위 사원은 무병장수하고 자손들이 줄줄이 잘되고 극락왕생하라는 의미로 지은 사찰로 알려지면서 많은 관광객들이 방문하고 있다.

한편 겐팅 하이랜드가 1971년 개장한 이후 사업 다각화를 본격 추진하였다.

1970년대 후반부터 겐팅은 아열대와 열대지역에서 이루어지는 대규모 경작방식의 '플랜테이션' 사업을 비롯해 부동산, 제지, 발전, 석유 및 가스 탐사, 크루즈 산업으로 확장했다.

1950년대 후반 2000에이커(809만평)의 땅을 구입해 고무 농장과 팜유 농장으로 만든 경험을 가진 그는 1973년 이스라엘의 중동전쟁의 호기를 활용해 플랜테이션 사업 규모를 확장하였다.(2000에이커의 농장은 겐팅 하이랜드 공사를 하면서 매각했다.)

1980년 4월 홍콩의 유력 재벌 소유의 말레이시아 농장 3만 3000에이커(1억 3355만 평)에 달하는 고무 농장을 인수하였다.

이듬해에는 싱가포르 국경의 조호르에 있는 팜유농장 2만 5000에이커(1억 1175만 평)을 추가로 매입했다. 이어 3년 후인 1985년, 사바 개발공사 소유의 1만 에이커(4047만 평) 팜유농장까지 확보하였다. 이런 노력으로 겐팅은 총 14만 5000에이커의 팜유농장을 보유하면서 말레이시아 최대 팜유농장 주가 되었다.

또 겐팅그룹은 1993년부터 부동산 개발사업에 본격 뛰어들며 대형 도시개발사업과 주택개발사업에 참여해 가장 성공한 부동산 사업가로 우뚝 서게 되었다. 아울러 겐팅은 말레이시아 최대 통합 종이 및 골판지 공장을 연간 25만 톤의 제지를 생산하고 있다.

또 '겐팅 싼엔'을 설립해 전기사업에 가스화력발전소를 건설하면서 진출했고 석유, 가스 탐사에도 많은 매출을 올리고 있다. 특히 겐팅은 1980년대부터 컴퓨터를 호텔 등 리조트에 도입했고 1990년대 들어 최첨단 IT분야에도 투자를 아끼지 않았다.

2022년 현재 겐팅그룹의 본산인 리조트월드 겐팅은 호텔 객실이 2만실이 넘고 하루 평균방문객이 4만 명을 넘긴 지 오래다.

지난 2014년 미국의 20세기폭스가 설계한 공사비 1조5000억 원이 투자된 '가족형 꿈의 동산'을 테마로 한 가족형 테마파크는 퍼스트 월드 호텔 인근에 2018년 말 완공해 겐팅의 새로운 테마파크로 인기를 끌고 있다.

또 리조트 월드 겐팅에는 기존 쇼핑센터 외에 초대형 쇼핑센터 '스카이 아베뉴'를 완공해 2017년 하늘 위의 쇼핑센터로 기네스북에 도전하고 있다.

2020년 기준으로 리조트월드 겐팅의 회원 고객 가운데 1억 원 이상 콤프(카지노 게임 마일리지)가 쌓여 있는 VIP고객만 4만여 명에 달하는 것으로 알려졌다.

겐팅 카지노는 일반 카지노 영업장 외에 돈 많은 화교VIP 유치를 위해 일반 VIP영업장, 고급 VIP영업장, 최고위 VVIP 영업장 등 3곳의 대형 귀빈실을 운영하고 있다.

한국관광업카지노협회 자료에는 2016년 겐팅의 카지노 매출이 1조 6000억 원 수준으로 집계했지만 실제는 이보다 최소 4~5배 이상 많은 것으로 알려졌다.

VIP 고객을 위한 마케팅 부서는 엘리트 직원들이 근무하고 있으며 항상 최고의 서비스로 VIP고객을 접대하면서 큰 손 중국인과 화교들의 발길이 끊이지 않고 있다.

또한 겐팅은 싱가포르 센토사 섬에 5조 원을 투자해 유니버설 스튜디오와 종합휴양리조트 및 카지노를 갖춘 '리조트 월드 센토사'를 2010년 1월 개장해 성업 중이다.

이어 겐팅그룹은 2011년 9월 필리핀 마닐라에 '리조트 월드 마닐라'를 개장한 뒤 미국 라스베이거스에도 7조 원 이상을 투자해 '리조트 월드 라스베이거스'를 지난 2021년 개장했다.

리조트 월드 라스베이거스는 호텔 객실 수만 6000실이 넘는 가운데 중국 자금성을 테마로 중국풍의 레스토랑, 컨벤션, 쇼핑센터, 카지노 등이 갖춰졌다. 코로나 팬데믹을 극복하고 라스베이거스의 새로운 명물로 자리를 잡아 가고 있다.

현재 겐팅그룹은 연간 2500만이 넘게 방문하는 리조트 월드 겐팅을 비롯해 2억 평의 팜 오일농장, 미국과 영국 등 8개의 호텔, 스타크루즈, 골프장, 제지회사 등을 갖춘 글로벌 회사로 성장했다.

림고통 회장이 평생을 바친 리조트 월드 겐팅에는 3만여 명의 직원들이 근무하고 있다. 또 이곳에는 경찰서와 소방서가 별도로 설치되어 있는데 공무원들의 소속은 주정부 소속이지만 급여는 100% 겐팅에서 지급한다. 리조트월드 겐팅에 근무하는 경찰과 소방 공무원들은 겐팅을 위해 근무하고 있기 때문이다.

카지노에서 재산을 탕진하고 자살하는 고객들이 가끔 있지만 언론보도를 통해 외부에 이러한 사실이 알려지는 일은 전혀 없는 것으로 알려졌다.

또 직원들은 100% 기숙사에 근무하고 있으며 말레이시아인들에게 가장 인기가 높은 직장 가운데 하나다.

림고통 회장은 지난 2008년 10월 23일 90세를 일기로 별세했다.

그의 장례식에는 국왕과 압둘라 총리를 비롯해 장관, 중요 정치인, 외국의 저명한 정치인과 경제인들이 대거 참석해 림 회장의 서거를 애도했다.

겐팅카지노는 림 회장의 장례식이 열린 당일, 오전 6시부터 6시간 동안 카지노 영업을 전면 중단하고 창업주를 추모했다. 직원들이 림 회장의 마지막 가는 모습을 지켜보라는 취지였는데 1971년 겐팅 카지노가 개장하고 휴장한 것은 이날이 처음이었다.

특히 림고통 회장이 사망한 뒤 쿠알라룸푸르 일대는 사흘 밤낮을 쉬지 않고 폭우가 쏟아지는 '기상이변'이 일어났다.

당시 말레이시아 림고통 회장이 사망한 뒤 폭우가 이례적으로 계속되자 하늘도 림 회장의 서거를 안타까워한다는 해석이 나왔다.

한편 림고통 회장은 2003년 펴낸 자서전에서 다음과 같이 회고했다.

"약속에 관해서, 나는 지키는 것이 습관이다. 나는 약속시간보다 항상 10분 먼저 나가 상대를 기다렸다. 약속은 매우 중요하며, 약속을 지키지 않는 사람과는 상대하지 않는 원칙을 갖고 있다.
나는 어린 시절 부끄러움이 많았고, 내성적이었다. 하지만 말레이시아에서 사업을 하면서 나는 친절하고 성실하게 긍정적으로 손을 내밀었고 항상 친구를 사귈 수 있었다. 그 이후로도 같은 방식으로 사람을 사귀었으며, 절대 실패하지 않았다.

나는 규칙적인 생활을 좋아한다. 일찍 자고 일찍 일어나며, 잠을 자면서도 항상 생각을 한다.

나는 중요한 것을 기록하기 위해 항상 메모지를 가지고 다닌다. 해야 할 일을 항상 일기장에 적어 둔다.

나는 언제나 빠르게 행동하고 효과적으로 움직인다. 이것은 성공에 반드시 필요한 요소라고 생각한다. 많은 사람들이 왜 내가 노동자들과 함께 하는지 궁금해한다.

나는 신념의 힘을 믿는다. 내가 결정을 내리고 그것이 옳다는 것을 강하게 믿을 때, 누가 어떤 반대를 하더라도 그것을 실행한다.

나는 기회를 찾는 것을 좋아한다. 나는 사업에 성공하기 위해 무엇이든 해야 한다고 믿는다. 초기 단계에서 모든 것이 훨씬 단순해졌을 때 의사 결정은 비즈니스 감각, 개인적인 판단, 때때로 내 역할에 대한 느낌이었다.

그러나 겐팅이 성장하면서 보다 복잡한 업무 영역으로 다양화되면서 객관적이고 전문적인 평가를 기반으로 정보에 입각한 의사 결정의 중요성을 깨달았다. 유능한 관리자 팀이 중요한 결정을 내릴 수 있어서 큰 결정에 집중할 수 있게 되었다.

일단 결정이 내려지면 관리자에게 구현 세부 사항을 수립하는 작업을 맡긴다. 책임 위임에 관해서 나는 항상 정책을 준수한다. 나는 어떤 사람을 신뢰하지 않는다면 나는 그를 고용하지 않을 것이다. 나는 그를 고용할 때 그를 전적으로 신뢰했다.

나는 회사의 가장 소중한 자산은 사람이라고 믿는다. 겐팅에서 우리 모두 헌신적이며 후회 없이 일한다. 나는 인생의 뒤틀림 속에서 운명의 손길을 보았다.

겐팅 하이랜드 개발에 대한 행운과 성공으로 나를 축복해 주신 진 스웨이드(Chin Sweedeity)에게 감사한다.

나는 또한 19명의 손주들이 있는 커다랗고 행복한 가정에 축복받은 것에 대해 감사하고 있다. 주말 가족 모임에서 행복한 사람들과 함께 행복한 사람들을 만나는 것은 젊은 시절의 격동기 동안 내가 거부당한 것에 큰 기쁨을 준다."

3. 대한민국 '카지노 개척자' 전락원 회장

대한민국 카지노 산업의 '전설'은 단연 파라다이스 창업주 전락원 회장(2004년 작고)이다.

그는 마카오 카지노 황제 '스탠리 호'(2021년 작고)와 '말레이시아의 정주영'으로 회자되는 겐팅그룹의 '림고통'(1998년 작고) 창업주와 수십 년 이상 친분을 맺어 온 사실을 아는 이는 많지 않다.

특히 전락원 회장은 마카오 스탠리 호 회장과의 인연은 매우 각별하다.

1921년생인 스탠리 호 회장은 6년 터울인 전락원 회장(1927년생)과 아시아 카지노 산업의 거물로 서로를 존경해 온 것으로 알려지고 있다.

마카오 한인회장을 30년 이상 맡고 있는 이동섭 회장은 전두환 정권 초기 마카오 경찰청 태권도 교관으로 현지 경찰에 특채 되었다. 마카오 경찰에서 총경까지 오른 입지전적 인물인 그는 마카오 시민권도 갖고 있다.

이동섭 회장의 회고

"1984년께 SJM 홀딩스의 리스보아 호텔에서 급하게 연락이 왔다. 한국에서 중요한 VIP가 마카오 스탠리 호 회장을 방문하는데 경찰의 경호와 교통 의전이 필요하다는 전갈이 온 것이다. 당시는 마카오에 한인회도 없었고 당연히 한국인이 살지 않던 시절이었다. 마카오 페리호 선착장에 나가자 전락원 파라다이스 회장이 페리호를 타고 입국했다.

선착장에는 SJM 고위 임원들을 비롯해 리스보아 호텔과 카지노 직원 등 수백 명이 도열해 있었다. 마치 국빈 영접을 하는 것처럼 의전이 국빈급이었다. 페리호가 도착해 전락원 회장이 부두에 모습을 나타내자 SJM 고위 임원부터 임직원들은 양옆으로 두 줄로 도열해 박수와 꽃다발로 마카오 방문을 환영했다. 경찰 10여 명이 전락원 회장 일행이 탑승한 차량 앞에서 경찰차와 오토바이로 리스보아 호텔까지 호위했다. 리스보아 호텔에 도착하니 배웅 나온 스탠리 호 회장이 전락원 회장과 포옹할 정도로 친분을 과시했다. 스탠리 호 회장과 매우 절친하다는 인상을 받았고, 전락원 회장에 대한 특별한 배려는 지금도 기억이 날 만큼 매우 인상 깊었다."

전락원 회장은 8.15해방과 6.25, 4.19, 5.16, 12.12, 5.18, 6.29선언 등 20세기 격동의 시대, 정치권에 한눈팔지 않고 경영에 충실하면서도 다방면의 사람들과 사귀는 것을 좋아하였다.

또 사람을 만나면 항상 주머니를 먼저 열었고 어렵다고 손을 내미는 사람에게는 거액을 희사하는 데 주저하지 않았다. 교육재단과 복지재단을 만들어 기업의 사회 환원에도 앞장서는 통 큰 기업인으로 많은 이들이 그를 기억하고 있다.

그러나 문민정부가 들어서며 사정한파가 몰아치는 와중에 엉뚱하게 정치적인 음해를 사주한 보이지 않는 손에 의해 전 회장은 최대의 시련을 겪어야 했다. 전 회장은 이 시기가 인생에서 가장 큰 시련기였고 파라다이스가 한 단계 도약할 기회를 놓치는 불운의 시기이기도 했다.

전락원 회장의 부친은 함경북도 무산 출신으로 국내 1세대 개척교회의 목사인 전주부(1991년 작고) 씨다.

슬하에 6남매를 둔 전주부 씨는 외아들인 락원(파라다이스) 씨의 이름을 기독교식으로 지었다고 한다. 전 회장의 카지노 사업과 사회사업은 독실한 크리스천이었던 그의 부친의 영향이 절대적인 것으로 전해진다.

1948년 성균관대 경제학과에 입학한 그는 대학생 시절 터진 6.25전쟁 때문에 운명이 바뀌게 된다.

한국전쟁 당시 뛰어난 영어 실력을 바탕으로 미군부대 군속으로 근무하다가 퇴직한 뒤 미군을 상대로 운수업을 하며 관광산업에 눈을 뜨면서 세상을 보는 안목이 달라졌다.

이후 5,16군사혁명이 나던 1961년 12월 서울시 청년회의소 부회장으로 대외활동을 활발하게 시작했고, 이듬해 한국관광협회 서울시 이사를 맡으면서 관광산업에 대한 견문을 넓혀 나갔다. 관광협회 이사 시절, 그는 카지노가 관광산업의 꽃이라는 매력을 알게 된다.

전락원 회장이 관광협회 이사로 재직할 당시, 마카오와 미국 라스베이거스 카지노 산업의 성공사례를 제시하며 대한민국에도 카지노 사업의 필요성을 제안했지만 군사정부는 시기상조라며 거들떠보지도 않았다. 이 사례는 카지노 산업에 매료된 전락원 회장의 선견지명을 알 수 있는 증표다.

이후 1965년 인천 풍치지구에 민간 자본에 의해 최초의 대형 호텔인 올림포스 호텔을 신축하던 '유화열'이라는 관광산업에 안목이 있는 사업가를 만나면서 새로운 전기를 맞는다. 유화열씨는 호텔 '하우스 보이'로 출발해 관광업계에서 성공한 입지전적 인물이다.

당시 38세의 젊은 사업가 전락원 씨는 유 씨의 호텔 경영 참여제의에 흔쾌히 수락했다.

젊은 사업가들이 호텔 사업을 야심차게 시작했지만 당시 올림포스는 경영난을 겪는 등 어려운 처지였는데 이듬해 1966년 절호의 기회가 찾아온다.

박정희 대통령이 인천을 방문하는 기회에 외국인 관광객들에게 인기가 높다는 인천 올림포스 호텔 소식을 듣고 직접 올림포스 호텔을 찾은 것이다.

박 대통령은 수도 서울의 관문인 인천에 외국인을 위한 관광호텔인데도 경영난을 겪고 있다는 사실을 유화열 사장으로부터 전해 듣고 지원을 약속했다.

이어 박 대통령은 엄민영 내무부 장관을 청와대로 불러 인천 올림포스 호텔 지원방안을 강구토록 지시한다.

당시 유화열, 전락원 회장은 엄민영 내무부 장관을 만나기 전, 회심의 카드인 카지노 영업허가를 제시하기로 전략을 짠 뒤 엄 장관을 만났다.

전락원 회장은 엄민영 장관에게 "외국인 전용 카지노를 오픈하면 많은 외국인들이 호텔을 방문하게 되어 호텔 경영이 정상화되고, 외화 획득에도 많은 도움이 될 것"이라며 "카지노 사업은 국익에도 큰 도움이 된다"고 설명했다.

또 상이군경회장을 맡고 있던 유화열 회장도 "상인군경회장을 맡고 있어 아는데 대부분 상이군경이 매우 어려운 생활을 하고 있다"
며 "수익금 가운데 일부를 한국전쟁 유가족들을 돕는데 쓰도록 하겠
다"라고 거들었다.

박정희 대통령의 특명을 받은 엄민영 장관은 이런 내용을 보고하
고 청와대의 재가를 얻어 국내 최초의 카지노 영업허가를 내주게
된다.

카지노 허가를 받은 전락원 회장은 카지노 개장에 필요한 전문 인
력의 확보와 카지노 영업장 설치를 협의하는 등 카지노 사업 전략을
주도면밀하게 준비했다.

이윽고 1967년 8월 1일 국내 최초의 카지노 개장을 앞두고 필리
핀 여성 딜러 10여 명을 스카우트하는, 당시로서는 파격적인 경영
전략을 세웠다.

인천 올림포스 호텔에 비록 소규모였지만 국내 첫 카지노가 개장
하면서 대한민국 카지노 산업의 역사가 시작되었다.

이후 박정희 대통령은 올림포스호텔과 카지노가 차츰 안정기를
찾아가던 1972년 다시 인천 올림포스호텔을 방문해 기념식수를 했
다. 이처럼 인천 올림포스호텔은 전락원 회장과 박정희 대통령에게
각별한 의미가 있는 곳이다.

국내 카지노 산업을 거론하는 데 있어 서울 '워커힐호텔 카지노'를 빼놓을 수 없다.

사실상 전락원 회장에 의해 탄생된 워커힐 카지노는 대한민국 '카지노 역사'를 새로 써 온 곳이기 때문이다.

워커힐호텔은 일반인들에는 잘 알려져 있지 않지만 5.16 군사혁명 직후, 당시 김종필 중앙정보부장의 아이디어로 만들어진 사실상 'JP작품'이다.

5.16 혁명세력의 실세인 김종필 중앙정보부장은 1961년 7월 멜로이 유엔군 사령관으로부터 "한국에 적당한 위락시설이 없어 연간 3만 명 이상의 한국 주둔 미군들이 일본으로 휴가를 간다"라는 말을 듣고는 박정희 국가재건최고회의 의장에게 건의해 워커힐호텔 건립을 추진했다.

워커힐호텔의 명칭은 6.25전쟁에 참전했다가 사망한 미국의 '월튼 워커' 장군의 이름을 차용한 것으로 알려진다.

1963년 개관할 당시 호텔은 총 3개의 건물이 있었다. 첫 번째 더글라스 호텔은 6.25전쟁 당시 참전한 미군 더글라스 맥아더의 이름을 붙였고 두 번째는 머슈르호텔, 세 번째는 밴 플리트호텔로 각각 이름을 차용했다.

현재는 더글라스 하우스만 호텔 건물로 사용 중이며 나머지 두 개 동은 일반인에게는 공개되지 않고 호텔 아카데미, 외국인 전용 시설, 임직원 전용 건물로 사용하고 있다. 그 외에도 건축된 건물 이름 또한 매튜, 맥스웰, 제임스, 라이만 등 참전미군의 이름을 그대로 사용했다.

김종필 중정부장은 전문가들의 조언을 받아 워커힐호텔 부지를 한강을 한눈에 조망할 수 있는 서울 광진구 아차산 일대 현재의 장소를 선택했다.

1962년 1월 착공한 워커힐호텔은 아차산 일대 60만㎡(18만 평)의 토지를 수용해 2만 여명의 공병부대 병력, 4000여 대의 트럭과 불도저 등 군 장비는 물론 무려 1만 8000여 명의 육군 형무소 복역수들까지 동원해 워커힐 호텔 공사를 시작하였다.

1963년 4월 8일 워커힐호텔이 개장하자 예상했던 대로 미군들이 넘쳐 났다.

워커힐호텔은 개관 기념 이벤트로 미군들에게 인기 높은 미국의 유명한 재즈 스타 '루이 암스트롱'을 초청해 미군들에게 축하 공연을 열어 워커힐호텔 명성을 알렸다.

워커힐은 국내 최초이자 서울 최초의 리조트 호텔로 만들어진 기록을 갖고 있다.

 워커힐 호텔의 첫 VIP 고객은 '린든 존슨' 미국 대통령이었다. 그는 당시 박정희 대통령과 회담을 위해 방한했다. 이어 두 번째 VIP로는 세계적인 팝스타 '마이클 잭슨'이다.

 특히 개장 이듬해인 1964년 당대 최고의 영화배우로 알려진 '신성일, 엄앵란'이 워커힐호텔에서 결혼식을 올리면서 돈 많은 서울의 부자들에게 호텔의 가치를 홍보하는 엄청난 효과를 얻기도 했다.

워커힐 파라다이스 카지노

 당시 워커힐호텔은 국영기업인 국제관광공사가 운영했다. 국제관광공사 역시 중앙정보부에 의해 탄생된 공기업이다.

1967년 8월 인천 올림포스 호텔에서 주한 외국인들의 오락 시설로 개장한 카지노가 성공을 거두자 워커힐호텔을 운영하는 관광공사도 더 많은 외화획득을 위해 그해 가을 카지노 설치를 준비하였다.

그러나 관광산업의 꽃이라고 할 수 있는 카지노 사업은 의욕만 가지고는 결코 성공할 수 있는 호락호락한 사업이 아니었다.

1968년 워커힐 카지노 개장에 전락원 회장이 결정적인 역할을 한 비하인드가 장철환 전 한국관광협회장의 회고에서 드러난다.

"외화획득을 위해 중앙정보부에 의해 워커힐호텔이 건립되고, 국제관광공사가 운영을 했지만 적자에 허덕였다. 김일환 당시 관광공사 총재가 워커힐 외국부장인 나에게 워커힐에 외국인 전용카지노를 개설해야 하겠으니 전락원 회장에게 교섭을 하라고 지시했다.

그러나 당시 인천 올림포스호텔 카지노는 경영이 생각보다 신통치를 않아 고전하고 있던 상황이라 전 회장은 워커힐 카지노 개설에 나설 수가 없다고 극구 사양했다. 김일환 총재는 정부 방침이니 '수단 방법을 다 동원해 동의를 받아 오라'고 호통을 쳤다.

결국 나(장철환 외국부장)는 수차례에 걸쳐 전락원 회장을 찾아가 설득한 끝에 워커힐 카지노 개설에 대한 협조를 약속 받았다. 워커힐 카지노에서 벌어들인 달러가 경제개발 5개년 계획에 요긴하게 활용된 것은 주지의 사실이다" (전락원 추모집 《드높은 이상향을 꿈꾼 도요새》에서)

워커힐 호텔이 김종필 중앙정보부장에 의해 만들어졌다면 워커힐 카지노는 전락원 회장에 의해 탄생했고 40년 넘게 대한민국 카지노의 중추 역할을 담당했던 것이다.

파라다이스그룹은 2002년 그룹 창립 30주년을 맞아 《파라다이스 그룹 30년사》를 펴냈다. 전락원 회장의 발자취가 생생하게 묻어 있는 30년사에는 워커힐호텔 카지노 개설에 대해 다음과 같이 기록해 놓고 있다.

〈정부는 경제개발 재원의 확보라는 국가적 과제를 해결하기 위해 수출 진흥과 관광산업의 육성에 힘을 기울이기로 하였다. 이런 정부 방침에 따라 1967년 말에 관광공사에서 워커힐호텔에 카지노 개설 허가를 요청하였다.

올림포스 카지노는 국내 최초로 개설되었다는 점에서 의미가 있었지만 새로 개장될 워커힐 카지노에는 견줄 바가 못 될 것으로 예상되었다. 전락원 회장은 자신이 오래전부터 구상하고 있던 청사진을 펼쳐 보이기 위해서 사업성이 좋은 워커힐 카지노 개설에 전력투구를 하기로 했다.

그의 사교적 역량과 경영 능력을 발휘한 덕분에 워커힐호텔의 카지노 개설 준비는 빈틈없이 이루어져 관광공사 소유의 워커힐호텔에 동양 굴지의 카지노를 운영하게 되었다.

1968년 3월 워커힐호텔 카지노 운영을 위해 '올림포스관광호텔 워커힐지점, 콘티넨탈 카지노클럽'이라는 상호명으로 법인등록을 마쳤다.

올림포스 호텔측의 카지노 개장준비요원이 선발되었고, 이 요원들에 의해서 워커호텔 지하 1층 200여 평 면적에 카지노 시설이 마련되기 시작했다.

올림포스 호텔에서의 카지노 개설 경험이 있고 관광공사 측의 전폭적인 지원에 힘입어 시설 공사는 순조롭게 진행되었다. 1968년 초부터 시작된 카지노 시설 공사는 불과 3개월여 만에 대부분 마무리가 되었다.

3월 5일 정부로부터 영업허가를 받아 워커힐호텔 카지노가 개장하게 되었다. 개장 초기 서울에 외국인들이 즐길 수 있는 관광시설이 절대 부족한 상황에서 워커힐 카지노를 방문하는 외국인들에게 서울의 명소로 각광받았다. - '파라다이스그룹 30년사'에서〉

인천 올림포스호텔 카지노에 이어 서울 워커힐호텔 카지노까지 성공적인 개장과 영업이 이뤄지자 제주도에서도 카지노 운영 요청이 들어왔다.

1965년 한일 국교정상화에 따라 재일교포 재력가인 김평진 씨가 제주도에 최초로 세운 호텔이 서귀포호텔이었다.

서귀포호텔은 1968년 9월 개관과 동시에 제주도 최고의 초현대식 호텔로 평가받으며 일본인 관광객들로 문전성시를 이뤘다.

일본인 관광객들로 호텔 영업이 일취월장하자 김평진 사장이 돈 많은 일본의 VIP 실업가를 유치하기 위해 전락원 회장에게 카지노 개설과 운영 의뢰를 요청했다.

전락원 회장은 서귀포호텔 김평진 사장의 제안을 받아들여 서귀포호텔의 부대사업장으로 '한라개발 그린아일랜드 카지노클럽'이라는 명칭을 내걸고 국내 3번째 카지노를 개설토록 했다.

이후 전락원 회장에 대한 카지노 업계의 평가가 국내보다 해외에서 먼저 알려졌다.

지금은 세계 굴지의 글로벌 카지노리조트 기업으로 알려진 말레이시아 겐팅그룹은 1969년 당시에는 이름조차 알려지지 않은 신생기업에 불과하였다.

1965년 림고통 회장이 공사를 시작한 겐팅 하이랜드 호텔은 1971년 1단계 사업이 마무리 되었다.

말레이시아 수도 쿠알라룸푸르에서 1시간 거리의 해발 1800m 고원지대에 1단계 호텔과 카지노를 건립한 림고통 겐팅 회장은 전락원 회장에게 호텔과 카지노 사업 경영 참여를 제안하였다.

당시 파라다이스에서는 말레이시아 겐팅의 호텔과 카지노 경영 참여에 갑론을박이 이어졌으나 전락원 회장이 임직원들의 반대를 물리치고 참여를 결심한 것으로 알려졌다.

이에 따라 전락원 회장은 말레이시아 겐팅그룹의 모태가 된 겐팅 하이랜드 호텔과 카지노에 이사 자격으로 참여해 성공 개장에 큰 기여를 했음은 물론이다.

말레이시아 겐팅 참여 이후 전락원 회장은 아프리카 케냐(1973년), 미국 마이애미 선상카지노(1975년) 사업 참여를 제안 받을 정도로 그의 카지노 경영 능력을 해외에서 더 높게 평가했다.

인천 올림포스와 서울 워커힐호텔 카지노가 성공적으로 개장한 뒤 전락원 회장은 외연 확장에 나섰다.

국내 최초 카지노 기업의 기틀을 다지기 위해 전 회장은 1972년

7월 27일 '파라다이스 투자개발'을 창업하였다. 이는 파라다이스 그룹의 출발이다.

사무실은 서울 중구 태평로 센터빌딩 16층에 마련하고 글로벌 기업의 토대를 준비해 나갔다.

당시 파라다이스 투자개발의 사업 목적은 관광토산품 판매업, 경비업 및 축산업, 납품업 등 관광관련 업종으로 한정했다.

이러한 상황에서 파라다이스 투자개발은 부산의 해운대관광호텔에서 카지노 운영 요청을 받았는데 '카지노 선각자'에게 이러한 호기를 놓칠 수는 없었다.

또 파라다이스 투자개발은 '삼다도의 섬' 제주도에도 상륙하게 된다. 전 회장은 워커힐 카지노 성공개장 이후 제주지역 최초의 관광호텔인 서귀포호텔 카지노 개장 지원으로 이미 인연을 맺은 상태였다.

전 회장에 의해 카지노 영업을 하게 된 제주도 서귀포호텔은 당시 경영 악화로 심각한 어려움에 빠지자 재일교포인 김평진 대표가 전 회장에게 호텔 인수를 제안했다.

서귀포호텔에 이어 제주시에 위치한 제주호텔과 1950년대 이승만 대통령이 별장으로 사용했던 허니문하우스 등도 인수를 요청할 정도로 전 회장은 호텔업계에서도 최고의 경영전문가로 평가받고 있었다.

이렇게 되어 전 회장은 서귀포호텔, 제주호텔, 허니문하우스 등 제주 지역 호텔 3곳을 인수했다.

한편 잘나가던 워커힐호텔과 카지노는 1972년 '10월 유신'을 거치면서 운명이 바뀌게 된다.

당시 정부는 관광산업을 고부가가치산업으로 인식하고 대대적인 개편 작업을 진행한다는 명분을 내세워 한국관광공사에 호텔 매각을 지시했다.

그러나 실제로는 한국관광공사의 호텔 사업은 '외화내빈'으로 서울 요지에 위치한 워커힐, 반도호텔, 영빈관 모두가 적자에 허덕였기 때문에 민간 매각은 어쩔 수 없는 고육지책이었다.

서울 반도호텔은 롯데그룹이 인수하고, 영빈관(현재의 신라호텔)은 삼성그룹에 매각 절차를 진행했다. 특히 워커힐호텔은 선경이 차지하면서 정계와 재계에서는 특혜로 바라보는 시각도 많았다.

당시 최종건 선경그룹 회장이 이후락 중앙정보부장과 사돈 관계인 탓에 선경그룹 계열의 선경개발에서 황금알을 낳는 워커힐호텔과 카지노를 인수한 것이 아니냐는 해석이 나온 이유다.

이후락 부장의 5남 이동욱 씨는 최종건 회장의 4녀인 최예정 씨와 혼인했다.

워커힐은 국내 최초의 극장식 쇼와 현대적인 나이트클럽으로 유명했고, 수시로 패션쇼를 열면서 언론의 스포트라이트를 받았으며 실내 수영장을 갖춘 국내 최고의 호텔이었다.

1973년 3월 6일 워커힐이 민영화됐지만 선경개발은 카지노에 문외한이었다. 워커힐 카지노 운영은 자연스럽게 파라다이스가 맡게 된다.

그러나 인천 올림포스호텔 CEO였던 유화열 씨는 워커힐호텔과 카지노 매입에 나섰다가 '파워 게임'에 밀리면서 실패했다고 20년 뒤 언론을 통해 주장했다.

"내가 재력은 다소 부족했지만 워커힐을 인수하려고 했다. 당시 김성곤 공화당 재정위원장이 '워커힐은 네가 해 봐라' 하고 권유하기에 인수하려고 마음먹었다. 그런데 청와대의 관광담당 비서관이 나보다 이틀 앞서 선경의 계획을 대통령에게 보고해서 실패했다.

워커힐이 선경에 넘어간 뒤 카지노 운영권 문제로 2개월간 (선경과)싸움을 벌였다. 선경 측은 이후락 중앙정보부장에게 부탁을 하고 나도 이 부장에게 (워커힐 카지노 운영권 문제를) 도와 달라고 요청했다. 이 부장은 인천 올림포스에 박정희 대통령이 자주 방문하면서 친한 사이였다.

중간에서 골치가 아픈 이 부장은 '당신들끼리 합의하라'고 손을 뗐다. 얼마 뒤 내가 서울대병원에 입원해 있는데 최종현 선경 회장이 찾아와 '전락원 씨와 지분을 반반씩 나누어 주십시오' 하기에 더 이상 싸우기가 싫어 받아들였다.

그 후 1년 반쯤 뒤에 다시 (워커힐 카지노)지분 조정 얘기가 나오기에 "셋이 달라붙어 하느니 나는 빠지겠다" 하면서 손을 뺐다. 당시 충분한 보상을 받았다. 〈월간조선〉 1993년 7월호 '유화열 독점 인터뷰' 기사에서〉

당시 '카지노 선각자'로 알려진 전락원 회장에게 선경그룹은 카지노 경영을 파라다이스에 위탁하면서 총수익의 일정 부분을 주기로 약속한 것으로 전해진다.

그렇지만 카지노 경영권을 차지하는 것도 무료 위탁경영이 아니라 전 회장은 당시 상당한 거액을 선경에 주고 카지노 경영권을 맡은 것으로 알려졌다. 이 때문에 파라다이스는 자금난으로 창간 3년에 불과한 정기간행물 《동서문화》(전락원 회장이 1970년 9월 창간) 발행을 중단해야 했다.

《동서문화》는 발간 3년째를 맞이한 1973년 12월, 1974년 신년호를 발행한 뒤 애석하게도 잠정적인 휴간에 들어갔다. 파라다이스 투자계획이 워커힐호텔 카지노의 경영권을 인수하면서 자금수요가 많아 예산을 끌어올 수 없는 부득이한 상황이었던 것이다. - '파라다이스그룹 30년사'에서〉

전락원 파라다이스 그룹 회장

그러나 일반인들에게는 선경이 워커힐호텔을 인수하고 워커힐 카지노는 전락원 회장이 인수한 것처럼 알려졌으나 실제 워커힐 카지노 소유권도 선경에서 갖고 있었던 것으로 알려졌다.

이에 대한 진실은 전략원 회장과 선경 고위층만 알았던 극비 사항이었다.

당시 상황을 잘 아는 언론인 출신의 한 인사는 "선경그룹이 황금알을 낳는다는 워커힐 카지노를 인수했지만 카지노 경영은 전문가 없이는 불가능하다는 사실을 알았다. 국내 카지노 업계의 선각자로 알려진 전락원 회장과 카지노 수익의 일정 부분을 나누기로 하고 경영을 넘겼다. 카지노의 총괄 경영과 관리는 전락원 회장이 맡았지만 카지노 소유권은 선경이 갖고 있었다."라고 말했다.

파라다이스는 '파라다이스그룹 30년사'에서 워커힐호텔 카지노에 대해 다음과 같이 기록하고 있다.

〈1973년 3월 6일자로 워커힐호텔이 선경개발에 매각되었다. 선경개발의 워커힐호텔 인수에 따라 파라다이스 그룹은 새로운 국면을 맞이하게 되었는데, 선경개발이 카지노 허가권자로서 워커힐호텔 경영 정상화를 위해 카지노 경영권을 파라다이스 투자개발 전락원 회장에게 부여했기 때문이었다.

전락원 회장이 우리나라에 카지노 사업을 도입, 정착시킨 장본인이고, 그동안 보여준 경영 수완을 고려하면 선경개발 워커힐호텔의 결정은 당연한 일이었다. 급박하게 전개되는 상황에 따라 콘티넨탈 관광은 내부적으로 경영권에 대한 정리를 하게 되었고 김성진 대표이사 체제로 새롭게 개편되었다.

전락원 회장은 워커힐 카지노를 세계적 수준으로 끌어올리기로 하고 콘티넨탈관광의 김성진 대표이사를 비롯한 주요 이사들을 미국 라스베이거스에 벤치마킹을 보냈다. 이들은 빠듯한 일정이지만 라스베이거스의 카지노 영업, 게임시설, 서비스 등을 섭력하기 위해 노력했다.

게임종류가 다양하지 못하고 시설도 전근대적인 워커힐 카지노의 문제점을 개선하기 위해 콘티넨탈경영진은 시설을 대폭 보강하기로 하고 자본금을 3000만 원으로 증자하였다.

1973년 10월 워커힐호텔이 신축공사에 착수함에 따라 지하 1층에서 지상 1층으로, 지상 1층에서 다시 2층으로 장소를 옮겨 운영하면서 지속적으로 카지노 영업장을 확장하고 인원도 속속 보강했다.

1968년 최초 개관 당시 4종 12대이던 게임기가 1973년 9월까지 5종 28대(룰렛 4, 블랙잭 18, 다이스 2, 포카 2, 바카라 2대)로 두 배가량 증설되었다.

1975년에는 워커힐 카지노 운영요원이 400여 명으로 증가했다. 그리고 1978년에 이르러서는 워커힐호텔의 신관 신축 개관에 따라 영업장의 면적을 600여 평 규모로 확장했다.

카지노 운영요원도 500여 명으로 증원하였고 게임기는 1977년 10월 7종 49대(룰렛 8, 블랙잭 28, 다이스 2, 다이사이 2, 포커 2, 바카라 6, 키노 1대)로 대폭 증설했다.

한편 1975년에 올림포스호텔 유화열 회장의 경영권 지분을 완전 청산함으로써 워커힐 카지노는 파라다이스그룹의 주력 계열사로 그룹 전반의 견인차 역할을 하였다. - '파라다이스그룹 30년사'에서〉

한편 1973년 파라다이스그룹의 아프리카 케냐 진출은 당시로서는 상당히 '위험한 도박'이었다.

민영화된 워커힐 카지노의 경영 내실화를 한창 진행하던 1973년 초 전 회장은 케냐관광공사(KTC)로부터 케냐 진출을 요청받았다.

당시는 대한민국이 케냐와 외교관계도 수립되지 못한 상황에서 케냐에 대한 정보도 전무하고 투자를 위한 외화 반출도 사실상 불가능한 상황이었다.

'케냐 프로젝트'는 케냐의 수도 나이로비에서 30km 떨어진 켄야타 대통령 별장인 '워터 프론트 롯지'를 파라다이스그룹이 맡아서 운영해 달라는 것이었다.

케냐관광공사가 대통령 별장을 운영했으나 누적되는 적자를 견딜

수가 없게 되자 적임자를 찾다가 말레이시아 겐팅 하이랜드를 성공시킨 명성을 전해 듣고 전 회장에게 도움을 요청한 것이다.

현장조사를 거쳐 케냐 진출을 결정한 전 회장은 이듬해 3월 케냐 현지에 별도 법인을 설립해 대통령 별장 운영에 나섰다. 또 케냐 정부로부터 카지노 사업권을 허가받은 뒤엔 케냐 사파리파크호텔도 인수하게 된다.

전 회장이 인수한 사파리파크호텔은 대대적인 리모델링을 통해 유럽풍 호텔로 단장하자 아프리카 최고 수준의 호텔이라는 소문이 나기 시작했다. 사파리파크호텔에도 카지노를 개설했음은 물론이다.

사파리파크호텔로 인해 명품 호텔을 갖게 된 케냐는 전락원 회장에게 국빈대접을 했고 나중에 파라다이스그룹에 주한 케냐 명예총영사관을 개설하고 전 회장을 명예총영사로 위촉할 정도로 케냐에서 (전 회장의)위상은 국빈 수준이었다.

이러한 인연으로 전 회장은 1981년 88서울올림픽 유치전에서 케냐의 IOC위원을 통해 아프리카 대륙의 IOC위원 수십 명을 설득해 서울올림픽을 유치하는데 크게 기여한 사실은 대한체육회와 정부 고위층이 먼저 알고 있다.

특히 북한이 케냐와 수교하면서 북한대사관을 설치하려 하자 전 회장은 케냐 대통령을 만나 "만약 케냐 정부가 북한대사관 설치를 허용하면 곧장 케냐에서 파라다이스 지분을 모두 회수한 뒤 철수 하겠다"라고 통보해 북한 대사관의 설치를 막은 이야기는 일반에 잘 알려지지 않은 숨겨진 비화다.

조영행 전 주 칠레대사는 전락원 추모집 《드높은 이상향을 꿈꾼 도요새》에서 케냐 사파리파크호텔에 대해 다음과 같이 묘사했다.

"내가 전락원 회장을 만난 것은 1991년 11월 케냐의 수도 나이로비에 있는 사파리파크호텔에서였다. 당시 나는 주 나이지리아 대사관에서 근무 중이었다. 며칠간 사파리파크호텔에 투숙하면서 느낀 나의 인상은 충격적이었다.

과연 이 호텔이 한국인이 투자해서 건설한 호텔인가? 열대 식물원 속에 있는 재벌의 별장을 연상케 한다. 누구라도 아프리카를 느낄 수 있고, 아프리카를 숨 쉴 수 있도록 한 것이 아닐까?

나중에 들은 이야기지만 사파리파크호텔은 서구인들이 가장 선호하는 호텔이라서 이곳에 투숙하기 위해서는 1년 전, 또는 적어도 6개월 전에는 예약을 해야 한다고 한다."

'정치에 휘둘린' 워커힐 카지노

파라다이스 그룹은 1970년대 후반 워커힐 카지노를 중심으로 지속적인 성장을 거듭했다.

그러나 대한민국은 현대사의 분수령이 된 1979년 10.26과 12.12를 거쳐 1980년 신군부가 집권하는 격동의 시대를 맞게 된다.

군부독재 타도와 직선제 개헌을 요구하는 1987년 '6.10 항쟁' 이후 전두환 대통령 시대가 가고 이듬해 노태우 대통령이 취임한 이후 카지노 업계에도 지각변동이 생겼다.

노태우 정부는 규제완화 정책을 빌미로 제주도에 카지노 다섯 곳을 추가로 허가했다.

일본인이 물밀 듯 몰려오는 제주도에 카지노를 추가로 개장하면 더 많은 외화를 벌어들일 것이라는 일부 업자의 주장을 그대로 수용해 카지노 허가를 남발한 것이다. 이때부터 제주 지역 8개 카지노는 적자생존 경쟁이 치열하게 진행되면서 내부적으로 곪아가기 시작했다.

한편 노태우 대통령과 사돈 관계였던 선경그룹은 주변의 시샘과 부러움을 받았다.

탈 없이 마냥 잘나갈 줄 알았던 선경 소유의 워커힐 카지노에 심각한 문제가 생겨 곪아 가게 된다.

워커힐 카지노에서 일본 VIP 고객들에게 칩으로 먼저 대출해 준 뒤 일본지사에서 돈을 상환 받는 일이 잦았는데 이런 돈들이 회계처리에 차질을 빚으면서 문제가 된 것으로 알려졌다.

당시 워커힐 카지노의 탈세 규모는 1993년 국세청 세무조사결과 최소 수백억 원 수준에 달하는 것으로 파악 되었다.

선경은 정유사업과 이동통신사업으로 이미 대기업이 된 마당에 골치 아픈 카지노를 더 이상 가지고 있을 이유가 없었다.

더구나 노태우 정권이 1993년 2월이면 종료되는데 '사돈기업'의 프리미엄도 없어지기 때문에 워커힐은 '황금알을 낳는 기업'에서 '미운 오리새끼'로 전락한 셈이다.

인천 파라다이스시티 전경

이에 따라 선경은 '카지노의 선각자' 전락원 회장에게 좋은 조건으로 워커힐 카지노 지분을 매각하기로 하고 계약을 맺은 것으로 알려졌다. 실제로 워커힐 카지노를 운영해 온 파라다이스 말고는 인수할 능력을 갖춘 업체가 국내에는 없었다.

그렇지만 당시 워커힐 인수가 자신에게 '독이 든 성배'가 될 줄을 당시 전 회장은 꿈에도 몰랐다.

카지노와 호텔 경영 외에도 전락원 회장은 예술에 조예가 깊고 사교성이 뛰어난 탓에 국내외를 불문하고 주변에 그를 좋아하는 사람들이 넘쳐 났다.

언론계의 경우 조선일보 방우영 회장이 대표적이었고, 방송인 김동건, 영화배우 김지미, 이어령 전 문체부장관, 김재순 전 국회의장, 김주영 작가 등이 대표적인 인물이다.

마당발로 유명한 전 회장은 대한스키협회 회장, 대한올림픽위원회 상임위원, 주한 케냐공화국 명예 총영사에 임명되기도 했다.

그러나 당시 국내 유력 언론사주 가운데 A씨는 자신을 외면하고 전락원 회장이 조선일보 방 회장과만 어울리는 것을 몹시 기분 나쁘게 생각하고 있었다.

이 언론사 사주는 공교롭게도 노태우 정부시절 '슬롯머신의 대부'로 알려진 정덕진, 덕일 형제와 호형호제하면서 서로의 후견인으로 만난 것으로 알려졌다.

그러다가 1993년 2월 김영삼 정권이 출범하자 개혁의 사정 회오리가 몰아쳤고, 조직폭력배와 줄줄이 연결되었다는 소문에 따라 슬롯머신 업계가 1순위 타깃이 되었다.

슬롯머신 업계에 사정당국의 칼을 들이대자 당시 막강한 언론사 사주인 A회장은 정권 고위층을 만나 전락원 회장의 파라다이스를 함께 정리해야 한다고 '제보'했다.

이런 사정을 잘 아는 언론사 임원 출신의 한 인사는 다음과 같이 회고한다. 그는 사건 당시 검찰청 출입 기자였다.

"국내의 대표적 언론사 대표인 A씨는 파라다이스 전락원 회장을 매우 못마땅하게 생각했다. 조선일보 방우영 회장이 전회장과 자주 어울려 만나는 것을 알고 있는데 자신을 빼놓는 것에 괘씸하게 생각하고 기회를 엿보았다.

그런데 김영삼 정권이 들어선 뒤 검찰에서 슬롯머신 업계의 대부라는 정덕진 덕일 형제와 정치권 및 조직폭력배를 수사한다는 소식을 접했다.

그는 정권 고위층을 만나 '슬롯머신 비리는 카지노에 비하면 새 발의 피다. 전락원 회장의 탈세규모가 엄청난데 그걸 잡아야 정권이 제대로 한다는 평가를 받을 수 있다'고 제보를 했다.

말하자면 전락원 회장 죽이기에 언론사 사주가 나선 것이다. 자신에게 '미운털'이 박힌 전락원 회장을 이번 기회에 (업계에서) 퇴출시킬 음모를 꾸몄고 그것이 맞아떨어진 것이다.

당시 선경에서는 워커힐 카지노의 탈세 문제를 고민하다가 전락원 회장에게 매각하면서 골치 아픈 문제를 한꺼번에 해결했다. 그러나 인수 당시 전락원 회장은 이런 문제를 제대로 몰랐던 것으로 알려졌다.

국세청과 검찰에서 세무책임자인 선경 관련자를 조사해 확인했으면 전락원 회장이 인수하기 전 발생된 탈세였던 것을 확인할 수 있었을 것이다. 하지만 역사는 때로 거꾸로 흐르는 것처럼 카지노를 매각한 선경에는 문제가 없고 이를 인수해 운영하던 파라다이스에게만 책임을 물었다."

그러나 전락원 파라다이스 회장에 대한 검찰의 수사는 언론사 사주간의 주도권 쟁탈전 때문에 생겼다는 주장도 있다.

평생을 카지노 업계에서 보낸 이 인사의 증언이다.

〈조선일보 방우영 회장은 파라다이스그룹의 전락원 회장과 상당한 친분을 갖고 있었다. 자주 만나 어울리고 친분을 가지면서 조선일보는 알게 모르게 '친 파라다이스' 성향의 분위기가 있었다.

김영삼 정권이 들어서자 전체 13개 카지노 가운데 특정 기업이 5곳이나 갖고 있는 것은 특혜라며 시비를 거는 언론도 있었다. 특히 유력 언론사 사주로 알려진 A씨는 슬롯머신 업계 대부로 알려진 정덕진씨 형제의 후견인 역할을 한 것으로 알려졌다.

당시 전국의 관광호텔에서 슬롯머신 사업이 호황을 누렸다. 수익성이 뛰어난 것으로 알려지자 조직폭력배가 지분을 나누며 슬롯머신에서 기생하는 상황이었다. 정권 출범과 동시에 검찰에서 슬롯머신 업계의 대부라는 정씨 형제를 본격 수사하자 언론사 사주 A씨는 안달이 났다.

　A씨는 분명 조선일보 방 회장이 주도해 슬롯머신에 손을 보는 것으로 판단했다. 그래서 언론사 사주 A씨는 복수를 결심했다.

　그는 덩치가 훨씬 큰 카지노를 손봐야지 구멍가게 수준의 슬롯머신만 사법기관에서 손을 대는 것은 잘못이라며 문제를 제기했다.

　그래도 조용하자 일부 언론에 이러한 문제를 계속 제기하도록 해서 결국 탈세문제로 검찰과 국세청이 칼을 들이대게 하였다. 김영삼 정권 들어 시작한 슬롯머신과 카지노 수사는 사실상 유력 언론사 사주들의 파워 게임이었다.〉

　당시 서울중앙지검 특수부 홍준표 검사가 슬롯머신 사건을 수사했다. 그는 이 사건 수사를 계기로 '모래시계'검사로 유명세를 타며 정치권 진출의 교두보를 마련했다.

　정덕진, 덕일 형제가 슬롯머신 사건으로 구속된 것을 신호탄으로 '6공화국 황태자'로 알려진 박철언 의원, 중앙정보부 기조실장 출신의 엄상탁 병무청장, 이건개 대전지검장 등도 '슬롯머신 사건' 연루

의혹으로 줄줄이 구속되었다.

슬롯머신 사건이 일파만파로 커지는 와중에 이번에는 카지노 업계로 '사정한파' 불똥이 튀었다.

당연히 파라다이스 그룹에 대한 세무당국의 특별세무조사로 이어지면서 파라다이스 그룹은 창업 이후 처음으로 어려움에 처했다.

〈카지노 업계에 대한 국세청의 특별세무조사가 한창이다. 추경석 국세청장은 "성역 없는 세무조사를 실시하겠다"라고 밝혔다. 이어 6월 15일에는 유화열 씨 등 카지노 관련자 16명에 대한 출국규제 조치가 내려졌다.

카지노 업계가 국세청 세무조사에까지 이르게 된 발단은 검찰이 슬롯머신 사건을 대대적으로 수사하자 정덕진 씨의 동생 덕일 씨가 신문과의 인터뷰에서 "카지노가 코끼리라면 슬롯머신은 비스킷에 불과하다"라고 말해 카지노를 둘러싼 의혹은 증폭되었다.

국세청의 세무조사가 한창이던 6월 15일 유화열 인천 올림포스호텔 회장은 서울 강서구 가양동의 올림포스 관광사업 사무실에서 월간조선 기자와 단독 인터뷰를 가졌다.

"나는 6.25전쟁에서 부상당한 상이군인이었다. 제대 후 군납과 미군부대 용역사업 등을 통해 상당한 돈을 벌었다. 인천 올림포스호텔 사업 이후 박정희 대통령과의 인연으로 카지노를 개장했다.

외국에 돈을 빼돌린 일도 없고, 탈세한 일도 없다. 언론에서는 카지노 업계가 마치 큰돈을 빼돌리고 탈세하는 것처럼 보도하지만 그렇지 않다"고 세간의 탈세의혹과 재산해외 도피, 정치권과의 유착 의혹에 대해 부인했다. - 〈월간조선〉 1993년 7월호 유화열 독점 인터뷰에서〉

유화열 씨는 인터뷰에서 탈세와 비리 혐의를 완강히 부인했지만 국세청은 인터뷰 1개월여 뒤인 그해 8월 27일 특별세무조사결과 파라다이스와 인천 올림포스호텔 카지노에 대한 수입금 누락, 탈세 등의 불법 행위를 발표하고 유화열 씨 등 관련자 7명을 서울중앙지검에 고발했다. 고발 혐의는 조세범죄처벌법과 특가법 위반 등이었다.

전락원 회장은 카지노 탈세 사건 수사 당시 한국관광협회 회장 자격으로 1993년 5월 하와이에서 열린 '아시아 태평양관광협회 총회'에 한국 대표로 참석해 있는 바람에 구속 위기는 모면하였다.

그러나 파라다이스에 대해 거액의 탈세 혐의로 수사가 시작되자 하와이에 머물던 전락원 회장은 귀국을 못하고 '자의반 타의반'으로 3년 3개월간 해외에 머물러 있었던 것으로 알려졌다.

1980년대 펜클럽 한국본부 회장을 최장수 기간 동안 역임(1983~1991)하고 1970~1990년대 대한민국 문단을 대표했던 전숙희 씨(2010년 별세)는 전락원 회장의 누나이다.

펜클럽 한국본부 회장시절 그는 1988년 서울올림픽에 맞춰 서울에서 국제펜대회를 유치하는 저력을 발휘한 인물이다.

그는 2007년 펴낸 자전적 에세이 '자전적 문우들 속에서 나의 삶은 따뜻했네'에서 동생 전락원 회장의 장기 해외 체류에 대해 다음과 같이 기억하고 있다.

〈통일원 장관 초청 세미나에 참석한 1993년 12월 14일 이홍구 부총리가 '제 씨(전락원 탈세 사건) 문제가 이제는 다 해결됐지요' 한다. 부총리는 현실을 너무나 모르는 소리다. 게다가 외국에서 안 돌아오는 것도 본인 의사인 줄 아는데 놀랐다.〉

전숙희씨의 당시 일기는 1993년 5월부터 시작된 전락원 회장의 해외체류가 본인 의사가 아니라 정권이나 권력기관에 의한 것임을 말해주는 대목으로 해석된다.

전락원 회장이 2004년 11월 3일 향년 77세로 별세하자 주변에서는 이를 매우 안타까워했다.

당시 상황을 잘 아는 한 언론인은 "전락원 회장이 수년간 지병으로 고생하다 2004년 11월 사망한 것은 3년 3개월의 해외 체류 탓이 결정적이었다. 그는 오랫동안 지병으로 미국의 병원에서 요양을 받다가 2004년 5월 귀국했으나 병세가 급격히 악화되는 바람에 사망했다. 김영삼 정권 초기에 진행된 사정한파 당시 모 언론사와의 파워 게임에 희생된 사례다. 국내 카지노 산업의 선각자를 정치적 보복으로 삼은 것은 매우 잘못된 일로 평가받을 것이다. 그러한 정치적 탄압이 아니었다면 국내 관광산업에 더 많은 역할을 할 수 있었을 것인데 매우 안타깝다는 생각이다."라고 말했다.

한편 1990년대 초반까지 '슬롯머신 업계의 대부'로 알려진 정덕진 씨는 2016년 5월 서울 순천향대병원에서 76세에 위암으로 사망했다.

1993년 슬롯머신 사건이 세상을 시끄럽게 했지만 정 씨는 1심에서 징역 2년 6월의 실형을 받았다. 이어 2심에서는 집행유예로 석방된 뒤 1996년 8.15광복절 특사로 사면, 복권되었다. 정 씨가 석방된 뒤 1년도 지나지 않아 곧장 사면 복권된 것은 정치권 실세의 배려 등 특별한 사연이 있었던 것으로 알려졌다.

파란만장한 삶을 산 그는 서울사대부고를 중퇴하고 15세 때부터 암표 장사를 하며 돈을 모아 회전호텔 등 5개 호텔과 9개의 슬롯머신 영업장을 운영하며 상당한 재력을 모은 것으로 알려지고 있다.

슬롯머신 사업이 한창일 때 범서방파 두목인 김태촌(2013년 사망)과 인연을 맺고 활동비를 지원한 것으로 일부 언론에 보도되기도 했다.

집행유예로 석방된 이후 그는 슬롯머신 사업에서 손을 뗀 뒤 제주 신라호텔 카지노를 인수하고 제주에서 리조트 사업을 펼치다가 큰 손실을 본 것으로 알려졌다.

당시 서울지검 특수1부(부장 박주선)주도로 진행한 슬롯머신사건에 앞서 1990년 노태우 정부 '범죄와의 전쟁'수사를 진행한 함승희(전 강원랜드 사장)검사의 수사기록도 상당한 기여를 한 것으로 알려졌다.

노태우 정부는 1990년 10월 '범죄와의 전쟁'을 선포한 이래 2년간 조직폭력 274개 파를 색출하고 1421명을 검거, 이 가운데 1086명을 구속하는 개가를 올렸다.

함승희 전 서울지검 검사(강원랜드 8대 사장 역임)의 회고.

"1990년 10월 13일 노태우 정부가 '범죄와의 전쟁'을 선포했다. 서울지검 특수부에 근무하던 당시 범죄와의 전쟁 선포로 날개를 달았다. 수사를 통해 용팔이 사건의 주범인 용팔이를 중심으로 한 조폭들을 대거 구속했다.

또 김영삼 정권이 들어선 뒤 동화은행장 비자금 수사에 나섰다. 월계수회를 만든 박철언 의원을 타깃으로 수사를 진행하였다. 안영모 동화은행장이 월계수회 간사 일을 보며 돈줄 역할을 했다. 그러나 홍준표 검사가 진행하던 슬롯머신 사건으로 박철언 전 의원이 구속되면서 흐지부지됐다.

특히 정치자금 수사과정에서 금융위원장을 지낸 뒤 국회 재경위원장을 맡아 정치자금 조달 역할을 하던 이원조 의원 관련 정황이 나왔다. 현직 대통령의 천문학적인 선거자금줄이 연결되는 순간 이원조 의원은 지병 치료를 핑계로 급거 일본으로 출국했다. 해외출장 후 나는 서산지청장 발령이 났다. 현직 대통령의 정치자금 수사가 묻히는 결정적 계기가 되었다."

당시 홍준표 검사가 존경하는 유일한 선배검사로 함승희 검사를 꼽았다.

'대한민국 카지노의 선각자'로 알려진 전락원 파라다이스그룹 회장에 대해 업계에서는 카지노 분야의 선각자이면서 동시에 사회공헌사업을 가장 먼저 실천한 인물로 기억하고 있다.

지난 2004년 11월 3일 전락원 회장이 사망하자 한 언론은 다음과 같이 '부고기사'를 보도했다.

〈고 전락원 회장은 1927년 5월 16일 종로구 계동에서 독실한 목회자였던 부친 고 성화(聖化) 전주부(田周富) 목사와 계성옥(桂成玉) 여사의 2남 5녀중 차남으로 출생했다.

1972년 그룹의 모태가 된 ㈜파라다이스를 창업한 뒤 호텔사업, 카지노, 유통, 제조, 건설, 엔터테인먼트 등 현재 11개 법인 15개 사업장의 우량 중견 그룹으로 성장시켰다.

특히 1972년 파라다이스호텔 제주, 1974년 케냐의 파라다이스 사파리파크호텔, 1981년 파라다이스호텔 부산, 1987년 파라다이스호텔 도고, 2000년 파라다이스호텔 인천 등을 설립해 국내 토종 브랜드인 파라다이스호텔 체인을 구축, 국내외에서도 인정받고 있다.

세계적 호텔에게 주어지는 리딩호텔인 파라다이스 부산과 2002년에 최고 호텔의 대명사인 릴레샤또(Relais &Chateaux)에 가입한 제주호텔은 국제적으로 인정받고, 국내 호텔업계를 선도하는 데 지대한 공헌을 했다.

1968년에는 국내 최고의 워커힐 카지노를 설립해 한국에 카지노 산업을 정착시켜 한국 관광산업발전에 크게 기여했다.

전 회장이 뛰어난 사교술은 널리 알려진 이야기. 고인은 국내외 고위 인사들과도 두터운 친분을 맺은 것으로 유명하다. 특히 74년 케냐 나이로비에 현지 투자법인을 설립한 후 1976년에는 카지노 업체를 개관해 케냐에서는 국빈급 대접을 받았다.

1970년대 후반 스키협회장으로 재임하면서 한국 스포츠의 저변 확대에 기여했던 전 회장은 1988년 서울올림픽 유치 과정에서 아프리카 표를 획득하는데 큰 공을 세웠다. 이를 인정받아 1988년 2월 정부로부터 '사회발전 유공훈장'을 받기도 했다. 2002년 월드컵 유치를 앞두고 아프리카의 한국 개최 지지를 유도하는 데 막후에서 상당한 역할을 했다는 얘기도 전해진다.

전 회장은 살아생전 늘 '카지노=부정적'이라는 세간의 시각을 안타까워했다. 카지노에 대한 부정적 이미지를 불식시키기 위해 ㈜파라다이스 기업공개를 적극적으로 추진, 2002년 11월에는 코스닥 등록에 성공했다. 파라다이스는 코스닥 등록 후 뛰어난 실적과 투명한 경영, 그리고 주주우선 정책을 유지하며 증권가 애널리스트들뿐 아니라 외국 투자가들로부터 호평을 받고 있다.

전 회장은 파라다이스를 '도덕과 윤리의식을 갖춘 기업'으로 변화시키기 위해 많은 노력을 했고, 기업의 사회공헌에 각별한 활동을 펼친 결과 2000년 3월 국세청으로부터 '모범 납세법인'으로 선정되기도 했다.

특히 기업 본연의 역할 이외에도 기업의 사회적 책임과 공헌을 위해 당시로서는 상당한 거액이라고 할 수 있는 680억 원을 출연하여 기업의 사회적 책임과 공헌에 많은 역할을 했다는 평가다.

전 회장의 강력한 의지가 반영된 파라다이스복지재단은 지난 1994년 설립 후 장애아동에 관련된 전반적인 교육, 치료, 복지향상을 목표로 특성화된 연구와 지원사업을 펼치는 등 국내 공익재단 중에서도 분명한 지향점을 갖고 있는 것으로 유명하다.

전 회장의 관심은 복지재단에 국한된 것이 아니었다. 파라다이스는 2002년의 경우 13개사 17개 봉사 팀이 연간 총 209회의 봉사활동을 전개했다. 이 기간에 전체 임원의 3분의 1이 넘는 1000여 명이 봉사활동에 참가했고, 그룹 차원에서도 연말 계열사의 경영실적을 평가하는 항목에 봉사활동을 반영하고 있을 정도다.

문화에도 남다른 애정을 갖고 있던 고인은 동서문학을 통해 문인들에게 순수문학의 장을 제공했고, 예술에 재능 있는 인재발굴을 위해 계원예술고등학교와 계원조형예술대학을 설립하는 등 육영사업에도 힘썼다.

2002년까지 파라다이스의 지분 32%를 보유했던 전 회장은 자신의 죽음을 예감한 듯 그해 6월부터 장남인 전필립 부회장과 친인척, 파라다이스그룹의 지주회사격인 ㈜파라다이스부산에 지속적으로 지분을 증여, 2세 경영체제를 갖췄다.

지분 증여와 함께 경영 일선에서 물러난 전 회장은 계원조형예술대학 등 교육 및 사회복지활동에 주력하고 전 부회장이 사업부문별 최고경영자(CEO)들과 함께 경영을 총괄해 왔다. '머니투데이' 2004.11.3.〉

특히 전락원 회장이 별세한 1년 뒤인 2005년 11월 1일《드높은 이상향을 꿈 꾼 도요새》라는 제목의 추모집을 발간했다. 추모집 발간은 매우 이례적인 일이다.

우경 전락원 회장 추모집에는 영화인, 교수, 아나운서, 언론인, 예술가 등 각계 48명의 명사들이 대거 필진으로 참여해 평소 예술과 문학, 자연을 사랑하고 와인을 좋아했던 낭만주의자로 그를 추모했다.

영화인 김지미는 2017년 7월 3일 서울 한국영상자료원에서 데뷔 60주년 특별전 '매혹의 배우, 김지미' 개막식에 참석해 "60년간 700편의 영화에 출연했고 700가지 인생을 살았다"며 자신의 영화 인생을 회고한 바 있다.

그런 김지미 씨는 추모집에서 "전락원 회장은 배우보다 멋진 남자"로 추모하며 "예술인들과 만나면 '대포나 한 잔 할까', '저기 포장마차 있네, 들려 갈까'" 했던 생전 전락원 회장의 인간적인 매력을 높이 샀다.

재미작가로 알려진 피터현은 '한국인이 낳은 최초의 세계인'이라고 추모했다. 전 회장과 피터현은 목사의 아들, 와인, 예술 감상, 평생 세계무대에서의 활동 등으로 닮은 점이 많았다. 피터현은 특히 중년에 홀로 되어 재혼하려고 안달을 할 때 고인과 그의 누나 전숙희 씨가 끈질기게 설득해 성혼을 시켜 준 비화를 고백했다.

고인을 평소 형님으로 불렀다는 김동건 아나운서는 "예술과 와인과 사람을 좋아했던 낭만주의자"라며 "형님은 평범한 인생의 10배는 살다 간 사람"이라고 애석해했다.

그는 "돌아가신 뒤에도 이렇게 많은 사람이 추억하고 기린다는 것은 형님이 살아생전에 큰일을 성취하기도 했거니와 덕을 많이 베풀었다는 증거가 아니겠는가" 하고 덧붙였다.

조선일보 파리특파원 등을 지낸 신용석 한국인권재단 이사장은 "1981년 독일 바덴바덴에서 서울이 나고야를 52대 27이라는 압도적인 표차로 이긴 것은 우경 선생이 아프리카 쪽의 인맥을 통해 IOC 위원들을 두루 접촉하고 한국 유치단에도 적지 않은 자금을 제공한 때문"이라며 "바덴바덴을 떠나면서 이런 사실을 신문에 절대 쓰지 말아 달라고 당부했다"고 회고했다.

심대평 충남도지사는 "기업의 사회적 책임을 실천한 선구자"라며 "기업의 이익을 사회에 환원하기 위해 문화재단과 복지재단을 설립해 문화예술, 사회복지, 2세 교육에 아낌없는 투자와 지원을 했다"고 추모했다.

특히 김주영 작가는 "자연주의와 낭만주의의 눈부신 승리"라며 "선천적인 자선가로 나눔과 베풂의 실천에 앞장서 왔다"고 회고했다.

이어 "낙원이라는 이름은 성경 속의 에덴동산을 항상 동경하였던 부친께서 지어 준 이름이었고 평생 그 이름 속에서 살아가는 것을 즐거워하셨다"며 "어떻게 하면 우리 인류사회가 바라는 지상낙원을 건설할 수 있을까 그것이 인생의 목표이자 길"이라는 평소 우경의 심경을 전했다.

전락원 회장이 케냐 총영사와 기념촬영하고 있다. 전락원 회장은 파라다이스 본사에 케냐 총영사관을 개설하고 한국 주재 케냐 명예 총영사를 역임했다.

이밖에 김주연 숙대 교수는 '소박한 멋의 신사', 김화영 고대 교수는 '수줍은 거인', 강원용 목사는 "계원예술고와 조형예술대학 및 동서문학 발간 등 교육사업도 선교사업이었다"라고 회고했다.

아울러 KBS 특파원 시절에 인연을 맺은 박성범 의원은 '부드러운 카리스마'로 추모했고 신동일 서울대 총동창회 부회장은 '휴머니스트', 패션디자이너 노라노 씨는 '우리들 마음속의 큰 나무'로 추모했다.

한편 장철환 전 한국관광협회장은 추모집에서 전 회장의 알려지지 않은 비화는 물론 정부가 워커힐 카지노 폐쇄를 추진했던 특별한 비화를 처음 공개했다.

〈1990년대 중반이었다. 그때 나는 서울 르네상스 호텔 대표이사로 근무하면서 관광협회 회장으로 봉사했다.

당시 정부는 관광산업의 중요성을 인식하여 국무총리실에 '관광정책심의위원회'를 설치하고 정기적으로 회의를 열었다. 그 무렵 나는 관광업계를 대표하는 관광협회장의 자격으로 민간인으로서는 처음 관광정책심의위원회의 한 멤버로 참여했다.

그러던 중 관광심의위원회에 '뜨거운 감자'로 인식된 안건이 상정되었다. 즉 서울에 있는 외국인 전용 카지노인 워커힐 카지노의 폐쇄 문제를 다루기 위한 안건이다. (당시 워커힐 카지노는 탈세 문제로 논란이 된 상황이었다)

정부는 외국인 전용카지노 사업을 모두 제주도에서 운영하도록 계획하였고, 제주도를 관광특별구역으로 만들 계획을 추진했다.

사전에 그런 안건 상정 사실을 알게 된 나는 미리 많은 자료를 준비했다. 그런 가운데 회의가 열렸는데 마침 안건을 본격 심의하기 전에 국무총리께서 그 안건에 대해 관광협회장으로 있는 나에게 의견을 물었다.

그래서 나는 준비한 자료를 참고하여 그동안 워커힐 카지노가 외국인 관광객 유치로 올린 외화획득 실적을 비롯해 앞으로의 외화획득 전망 등을 설명하였다. 또 서울지역에 단 하나밖에 없는 외국인 전용 워커힐 카지노를 폐쇄한다는 것은 심히 부당한 처사라며 반대 입장을 분명히 밝혔다.

이어 워커힐 카지노가 가지고 있는 관광사업체로서의 위상 등을 사실대로 자세히 설명했다. 특히 워커힐 카지노가 그동안 벌어들인 외화가 우리나라 경제발전에 얼마나 많은 기여를 했는지 조목조목 설명했다.

나의 설명을 들은 국무총리 이하 관광정책심의위원들은 워커힐 카지노의 폐쇄가 심히 부당하다는 것을 수긍하게 되었고, 결국 워커힐 카지노는 폐쇄하지 않기로 결정되었던 것이다.

나는 이 기회에 세상에 잘 알려지지 않은 전 회장과 관련된 또 다른 비화 두 가지를 이야기하고자 한다.

하나는 전 회장이 지난 1975년 제2차 오일쇼크 때 그동안 친교를 맺어 왔던 싱가포르 석유 거상을 급히 찾아가 원유 공급을 부탁, 평소의 2배 물량의 원유를 공급받아 우리나라가 석유 위기를 극복하는 데 크게 일조한 일이다.

또 하나는 전 회장이 우리나라 체육계의 발전을 위해 많은 돈과 시간을 들여 스포츠 선수들을 육성한 진실한 스포츠 지도자였다는 이야기다. 특히 전 회장은 당시 불모지나 다름없었던 스키 종목의 발전을 위해 대한스키연맹 회장직을 흔쾌히 맡아 막대한 금액을 출연하는 한편, 솔선수범하여 감독, 코치 선수 등을 양성하고 독려했다. -《드높은 이상향을 꿈꾼 도요새》에서〉

아울러 전 회장과 30년 이상을 함께했던 홍순천 전 파라다이스그룹 부회장도 1969년 말레이시아 겐팅 하이랜드 진출 초창기 목숨을 건 비화를 추모집에서 생생하게 회고했다.

〈전 회장이 선택한 최초의 해외 진출지는 말레이시아였다. 처음이었던 만큼 사업을 따내는 과정에서 험난한 사투를 벌였던 기억이 아직도 생생하다. 쿠알라룸푸르 근교에 위치한 겐팅 하이랜드는 이름 그대로 해발 1800m 산봉우리에 위치해 있었다.

회장과 내가 그곳을 찾았을 때는 이미 봉우리를 깎아 호텔을 짓고 있는 중이었다. 그러나 때마침 장마철이어서 대홍수가 나고 지진까지 겹쳐 말레이시아에서는 40여 년 만에 겪는 악천후였다. 그런 악천후 속에서도 우리는 계획대로 겐팅 하이랜드를 오르기로 했다.

우리는 묵고 있던 호텔을 나서면서 비장한 각오로 호텔 측에 "우리가 돌아오지 못할지도 모르니 그런 일이 발생하면 한국대사관에 알려 달라"고 당부했다.

겐팅 하이랜드를 향해 올라가면서 산사태가 난 곳을 세어 보니 대략 400군데가 넘을 정도로 기상 상태는 매우 심각했다.

어찌 보면 사업권을 따내기 위해 목숨을 담보로 한다는 것은 무모한 짓이었다. 더군다나 산꼭대기에 있는 사업자라니. 그럼에도 불구하고 전 회장님은 충분히 위험을 무릅쓰고 감행할 만한 사업이라고 판단을 했다.

그렇게 사투를 벌여 우리는 마침내 사업권을 획득하였고, 겐팅 하이랜드 호텔과 부속 카지노를 운영하게 되었다.

이 사업은 장사가 너무 잘되어 정신을 차릴 수 없을 정도로 대단한 성공을 거두었다. 회장님의 판단이 옳았다는 것이 증명된 것이다.〉

전락원 회장이 1967년 대한민국 카지노 역사를 개척한 이후 2000년 강원랜드, 2006년 그랜드레저코리아(GKL)의 성공 개장에 파라다이스 출신 임직원들이 결정적인 역할을 했다는 점에서도 파라다이스그룹이 대한민국의 '카지노 사관학교' 역할까지 해냈다는 평가다.

미 국
라스베이거스
신　화　를
창조한 전설들

2부

'도박과 환락의 도시' 라스베이거스 탄생

미국 라스베이거스는 누가 뭐래도 세계 '카지노 신화'를 창조한 곳이다.

아무도 거들떠보지 않던 황량한 사막이 오늘날과 같은 '신화의 도시' 환락과 도박, 컨벤션 중심의 라스베이거스로 천지개벽한 것은 '전설적인 인물'들이 있었기 때문에 가능했다.

그 전설적인 인물을 거론하기에 앞서 라스베이거스의 역사를 살펴보는 것이 라스베이거스를 제대로 이해할 수 있는 지름길이다.

오늘의 라스베이거스가 만들어지기까지 마피아의 검은 돈도 상당 부분 일조했지만 피로 얼룩지면서도 상상을 뛰어넘는 기발한 아이디어를 접목하고 혁신적인 법안 등을 통해 서부 개척시대보다 더 이내밀한 스토리가 버무려지면서 지구촌 최고의 도시로 탄생될 수 있었다.

쓸모없는 네바다주 사막지대가 세계 최고의 '오아시스'로 천지개벽한 것은 멈출 줄 모르는 도전 정신을 갖춘 위대한 선각자들이 있었기 때문에 가능했다.

1905년 5월 15일 캘리포니아주 로스엔젤리스~유타주 솔트레이크시티 간 철도를 운영하던 회사가 부지를 매입해 중간 기착지 역으로 라스베이거스 역을 만들면서 라스베이거스의 역사가 시작된다.

중간 기착지 역이었던 '간이 마을' 라스베이거스는 도박과 환락의 도시를 거치면서 117년 만에 연간 4300만 명의 관광객이 찾는 세계 최고의 엔터테인먼트, 쇼핑, 오락, 관광의 중심지로 천지개벽했다.

해발 1920m 사막의 분지에 세계 최고 카지노 도시의 기초를 닦는 데 기여한 인물로 '프랭클린 루즈벨트' 대통령을 비롯해 마피아의 보스 '벅시 시겔', 억만장자 '하워드 휴즈' 등 3인방을 꼽는다.

루즈벨트 대통령은 1930년대 경제공황을 극복하기 위한 뉴딜정책의 일환으로 후버댐(1931~1936년)을 건설하도록 하면서 라스베이거스에 초석을 다진 인물로 평가받는다.

세계 최대 토목건설 현장 중 하나로 알려진 후버댐은 전력공급, 상수원 확보 외에도 실업자들의 일자리 창출 등을 위해 건설되었지만 후버댐이 완공된 이후 실업자가 된 노무자들이 아이러니하게도 라스베이거스 원주민으로 합류한다.

후버댐 건설공사 당시 미국 전역에서 모여든 인부 숫자가 자그마치 5000여 명에 달했고 자연스럽게 이들을 수용하기 위한 소도시(볼더 시)가 만들어졌다.

재미난 사실은 후버댐 공사장에서 일했던 사람들이 댐 완공

20년이 지난 1956년 '31년 클럽'을 만들었는데 회원 자격은 1931~1936년 후버댐에서 일했던 사람들이다.

'31년 클럽'은 1956년부터 매년 볼더 시에서 개최됐으나 세월이 흘러 회원이 급감하자 회원의 자녀와 볼더 시에서 31년 이상 거주한 사람들까지 회원 자격을 부여하고 있다.

다수의 학자들은 후버댐 건설이 라스베이거스 성장에 결정적 기여를 한 것으로 평가하고 있다.

공교롭게도 후버댐이 착공하던 1931년 네바다 주는 미국에서 가장 쉽게 이혼할 수 있는 '이혼법'과 카지노 도박장의 합법화가 동시에 만들어졌다.

〈1930년대 대공황이 몰아닥치자 네바다 주는 두 가지 중요한 법을 제정했다.

하나는 이혼법이었고, 다른 하나는 카지노를 합법화하여 세금을 부과하는 것 이었다.

카지노 합법화에 가장 크게 공헌한 사람은 로스앤젤레스 마약 단속대장이었던 '가이 맥커피'였다.

불법 카지노의 운영자이기도 했던 그는 로스앤젤레스의 카지노 단속이 심해지자 라스베이거스로 건너가 페어로 다이스클럽을 인수하고 카지노를 합법화하기 위해 적극적으로 나섰다.

결국 네바다주에서 카지노 합법화가 이루어지자 라스베이거스에는 엘 란초 베가스, 프론티어, 아파치 클럽, 볼더 클럽 같은 카지노들이 속속 들어섰다.

1945년까지 엄청난 도박비가 라스베이거스의 현금출납기로 흘러들어왔고 사업가와 투자가들이 새로운 도시에 주목하기 시작했다. '마피아와 라스베이거스의 허니문 시대'에서〉

라스베이거스 스트리트 전경

미국 뉴욕의 대표적 마피아 보스 가운데 한 명이었던 시걸은 1946년 '플라밍고' 호텔을 건립하면서 마피아 자본이 라스베이거스 진출에 물꼬를 튼 인물로 평가받는다.

이 때문에 일부에서는 벤저민 벅시 시걸을 '라스베이거스의 아버지'라고 부르기도 한다.

파란만장한 삶을 산 벅시의 인생은 할리우드의 관심을 끌기에 충분했고 마침내 1991년 그의 일대기를 그린 영화 〈벅시〉(감독 베리 데빈슨)를 제작해 이듬해 3월 개봉했다.

본명이 '벤자민 시걸바움'으로 알려진 벅시는 마피아 출신이지만 유태인 태생답게 경제 흐름을 잘 읽는 인물로 알려졌다. 그가 세운 '플라밍고'(홍학) 호텔은 애인의 애칭을 따서 지은 것으로 전해진다.

뉴욕에서 살인청부업자로 명성을 날렸지만 조직에서 손을 씻고 사업가로 변신한 뒤에는 합법적인 사업을 펼치고 싶었다.

그래서 그는 영화배우처럼 멋진 의상을 걸치고 영국 신사 같은 세련된 매너를 갖추기 시작했다.

그는 라스베이거스에서 카지노 사업가의 멋진 꿈을 키웠지만 아이러니하게도 카지노 때문에 42세의 젊은 나이에 요절하고 만다.

특히 총을 잘 쏘는 저격수로 알아줬던 그는 역설적으로 저격수가 쏜 총에 맞아 눈을 감는 운명을 맞기도 하였다.

라스베이거스에서 카지노 게임을 통해 (게임의) 불편한 문제점을 파악한 그는 멋진 카지노와 호텔을 짓는 사업을 구상하였다. 그의 사업은 술과 여자, 도박을 조합해 '사막의 오아시스'를 만드는 것이었다. 마피아의 조직원이면서도 그의 사업 수완과 경영 능력 혜안이 라스베이거스에서 그대로 드러났다.

1945년 벅시는 마피아 조직을 움직여 '팀스터노동조합'의 연금기금을 대출받아 당시로서는 획기적인 냉난방 시스템과 객실마다 샤워기를 갖춘 라스베이거스 초대형 호텔을 건립했다.

당시는 은행보다 '팀스터노동조합'의 연금이 사업자금을 손쉽게 마련할 수 있었으며 마피아는 이 연금의 '대출 권한'을 쥐락펴락 할 정도의 절대적인 영향력을 행사하고 있었다.

벅시가 구상한 초대형 호텔 플라밍고는 주변이 야자수로 장식된 잔디밭과 정원으로 꾸미고 입구는 멋들어진 폭포가 쏟아져 내리는 것이었다.

또 고객들의 관심을 끌 만한 수영장, 헬스클럽, 테니스코트, 골프장, 수십 마리 이상의 말이 있는 마구간 시설과 전시실, 각종 상점

등이 들어선 라스베이거스 최고의 시설이었다.

플라밍고 호텔은 공간이 넉넉한 객실 수는 105개에 불과하지만, 라스베이거스에서 최고로 호화로운 호텔을 만드는 것이었다.

그러나 플라밍고 호텔 건축비는 100만 달러, 200만 달러, 300만 달러 등을 추가 투자하면서 당초 예상보다 훨씬 많은 예산이 투자되면서 마피아에서는 자금을 빼돌린다는 의심을 하기 시작하였다. 마피아는 회의를 통해 투자금 회수에 실패하면 벅시를 살해하기로 결정했다.

약 2년에 걸친 공사 끝에 라스베이거스 최고 시설의 플라밍고 호텔&카지노가 1946년 12월 26일 개장했지만 최악의 시나리오가 진행되고 말았다.

벅시의 절친한 할리우드 친구들이 겨울비와 추위 때문에 플라밍고 호텔 개장식 참석을 포기했고 LA공항에서 라스베이거스로 출발하는 비행 일정도 날씨 때문에 운행이 취소되었다.

이 때문에 플라밍고 호텔&카지노 개장식은 엉망이 되었다.

개장 시기가 크리스마스 다음 날이고 날씨도 겨울비와 혹한의 추위가 겹치면서 초청받은 저명인사와 자리를 빛내 줄 관객들도 거의 참석하지 못했고 인기 연예인들의 특별공연도 손님이 없어 썰렁하였다.

카지노 리조트가 개장할 때마다 엄청난 비용을 들여 인기 연예인을 초청한 공연을 펼치는 개장 이벤트를 펼치는 홍보마케팅이 얼마나 중요한지를 인식시키는 계기를 만든 것이 플라밍고 호텔 개장식의 실패 사례로 회자되고 있다.

호텔 카지노의 출발(개장식)이 크게 어긋나면서 개장 이후에도 매출이 죽을 쑤자 플라밍고 호텔은 파산 위기에 몰리고 만다.

총 650만 달러가 투자된 플라밍고 호텔 카지노 사업이 개장 2주 만에 문을 닫아 걸어야 했고 벅시는 지친 몸과 마음을 휴식하기 위해 찾았던 LA 비버리힐스 자신의 집에서 마피아에 의해 살해당했다.

〈1940년대 라스베이거스에 마피아의 '검은 자본'이 흘러들어 오는 시기에 가장 중요한 이가 바로 벤자민 '벅시'시걸이었다.

그는 뉴욕 패밀리의 자금을 라스베이거스로 끌어들여 자기 여자친구의 별명을 딴 '플라밍고' 호텔을 건설하기 시작했다.

그러나 공사가 지연되면서 100만 달러 이상의 예산이 초과되고,

호텔 완공 이전에 650만 달러를 투자하게 된 뉴욕 마피아는 벅시 시걸이 '밑 빠진 독에 물 붓기'로 돈을 쓴다고 불평했다.

벅시 시걸의 친구, 찰리 '럭키' 루치아노와 마이어 랜스키는 결국 벅시의 제거를 결정했다. 1947년 6월 20일 벅시는 늘 하던 대로 이발을 하고 집에 들어와 소파에 앉아 신문을 보고 있었다. 밤 10시 30분 총성이 터지면서 벅시의 얼굴에서 눈이 날아갔고 다음 샷은 벅시의 갈비뼈를 부수고 폐를 뚫었다.

42세의 벅시는 마피아 역사상 최초로 원거리에서 저격된 시체가 되어 쓰러진 것이다. 랜스키가 보낸 암살범은 뛰어난 총잡이 벅시에게 섣불리 접근했다가 오히려 당할까 봐 라이플을 사용한 것이다.

시걸이 사라지자 동부의 여러 패밀리가 라스베이거스에 투자하기 시작했다. 라스베이거스의 기업가들은 갱단과 손을 잡고 대규모 카지노 건설에 나섰다. -'마피아와 라스베이거스의 허니문 시대'에서〉

시걸이 암살된 뒤 플라밍고 호텔과 카지노를 거리에 흘린 지갑을 줍듯이 거저 인수한 마피아 가운데 한 명인 '앤소니 스필로트로' 역시 마피아에게 살해된 뒤 인디애나주의 한 옥수수 밭에 버려졌다.

1940년대부터 1970년대까지 라스베이거스의 투자 자본은 은행에서 대출을 거부했기 때문에 대부분 마피아의 관리를 받는 팀스터

노동조합의 연금기금으로 건설되었다.

팀스터 연금기금은 마피아가 장악하고 있었기에 이 연금기금은 1940년대부터 30년 이상 라스베이거스 성장에 확실하게 기여를 했다는 평가다.

당시 시중은행은 카지노와 호텔 사업에서 수익발생이 불투명한 상황에 카지노 사업을 바라보는 외부 시각들도 부정적이기 때문에 라스베이거스 카지노 사업에 큰돈을 대출해 주려 하지 않아 카지노 사업가들에게 팀스터 연금기금이 유일한 돈줄이었다.

팀스터 연금기금을 좌지우지하는 힘은 팀스터 노동조합을 장악한 마피아들이었다. 등기부상 카지노 건설 프로젝트의 대표자는 마피아가 아니었으나, 그들이 팀스터 연금기금을 대출받을 수 있도록 영향력을 행사하는 자들은 마피아들이었다. 이 때문에 마피아는 연금기금 대출을 빌미로 사실상 연금기금의 주인행세를 한 것으로 역사는 증언하고 있다.

시걸이 암살당한 바로 다음 날 마피아가 플라밍고 호텔 카지노를 접수했고 이듬해부터 경영 정상화에 성공했다.

플라밍고 호텔을 시작으로 마피아 자본은 1948년 9월 선더버드, 1950년 4월 데저트 인, 1952년 10월 사하라, 12월 샌즈, 1955년

4월 리베에라, 5월 듄즈 호텔 카지노를 차례로 개장했다.

또 1956년 5월 프레몬트, 10월 하시엔다, 1957년 4월 트로피카나 호텔&카지노, 1958년 7월 스타더스트호텔&카지노들도 차례로 마피아 자본에 의해 오픈할 수 있었다. 이후에도 마피아 자본은 수돗물이 공급되듯이 계속해서 라스베이거스 곳곳에 지원되었다.

마피아가 라스베이거스를 장악하는 과정은 서부 개척시대 백인들이 인디언을 무력으로 제압하는 형태와 거의 흡사했다는 분석이다.

라스베이거스에 카지노가 속속 개장되자 1959년 주정부는 네바다 게임위원회를 만들었고, 그해 3월 30일 네바다주의 게임위원회는 카지노 허가와 운영규정을 만들어 본격적인 규제에 나섰다.

1920년부터 14년간 '금주법'으로 '떼돈'을 번 경험을 가진 마피아들은 당연히 돈 냄새가 진동하는 도박 산업에 군침을 흘리며 팀스터 노동조합의 연금기금을 장악하였다.

미국에서 마피아가 뿌리를 내리는 데 결정적인 역할을 한 것은 술로 인한 병폐를 막겠다며 정부가 만든 금주법이 역설적으로 마피아의 비약적인 성장을 돕는 데 큰 공헌을 했다는 사실이다.

이탈리아 출신 마피아는 금주법이 해금되자 불법도박과 대출(사채), 마약밀매 경험 등을 살려 라스베이거스 카지노에도 진출해 막강한 권한을 행사한 것이다.

1950년대 후반부터 1960년대까지 마피아는 카지노에서 매출금액이 집계되기 전에 현금을 빼내 가는 것이 가장 중요한 사업으로 전해진다. 이것이 '스키밍'이다. 이렇게 해서 1950년대 말 마피아가 라스베이거스에서 거둬 가는 돈은 하루에 100만 달러에 달했다.

라스베이거스 뉴욕

1960년대에도 라스베이거스 사하라호텔 카지노, 리비에라 호텔 카지노, 프레몬트 호텔 카지노, 하시엔다 호텔 카지노, 스타더스트 호텔 카지노는 모두 마피아의 영향력이 절대적이었다. 1973년 오일쇼크 전까지 라스베이거스에서 마피아가 세금 없는 돈을 아무 거리낌 없이 징수하면서 최고의 전성기를 구가하였다.

샌즈호텔은 당시 큰 인기를 끌고 있던 영화배우 겸 가수인 '프랭크 시나트라'를 카지노호텔에서 공연토록 하면서 카지노 고객 유치를 위한 특별한 마케팅 기법이라는 찬사를 들었다.

카지노에 돈 많은 고객을 유치하기 위해 샌즈 카지노의 CEO(조셉 스태처)는 1953년 〈지상에서 영원으로〉 영화로 인기 절정의 프랭크 시나트라에게 호텔 공연을 제안했다. 시나트라는 이 영화로 아카데미 남우조연상을 수상하였다.

공연 조건은 1주 공연에 10만 달러의 출연료를 지급하고, 호텔숙식 무료, 하루 카지노 게임비로 3000달러의 칩을 제공하는 것이었다. 당시로서는 매우 파격적인 조건이었다. 영화에 출연하거나 외부 공연 일정이 있을 경우 호텔 공연을 양보할 수 있기도 했다.

시나트라가 머뭇거리자 조셉 스태처는 샌즈 카지노 주식의 7%를 시나트라에게 제공하고, 추가로 2%의 주식을 7만 달러에 인수하도록 하는 특혜까지 제공했다.

시나트라가 13년간 샌즈호텔에서 공연을 하는 바람에 샌즈 카지노는 시나트라 공연을 보러 온 관광객과 겜블러들로 인산인해를 이뤘다.

조셉 스태처의 제안으로 라스베이거스에서 거부 반열에 오른 시나트라는 1960년 네바다주 타호 호숫가에 위치한 칼 네바 홋지 및 카지노를 인수하면서 카지노 사업가로도 활동하였다.

시나트라는 라이브 가수이자 음반 아티스트, 라디오와 영화, TV에서 사실상 20세기 미국의 모든 연예 매체에 가장 많이 소개된 인물이었다. 그는 애바 가드너와 미아 패로라는 전설적인 여배우와 결혼하는 등 모두 네 번 결혼할 정도로 화려한 러브 스토리를 만들어내기도 했다.

1998년 5월 14일 시나트라가 사망했다는 소식이 전해지자 라스베이거스 대다수의 호텔들은 그의 죽음을 애도하는 의미로 10여 분가량 화려한 네온사인을 소등하였다. 시나트라는 라스베이거스를 엔터테인먼트 산업의 수도로 만든 인물로 평가되는 이유다.

특히 시나트라의 공연이 성공한 이후 '팝의 전설'이라는 엘비스 프레슬리가 무명 시절인 1956년 4월부터 뉴 프런티어 호텔에서 데뷔하면서 명성을 쌓아 올리게 된다.

엘비스 프레슬리는 인기 절정이던 1967년 5월 1일, 라스베이거스 인터내셔널호텔에서 프리실라 보리우와 올린 결혼식은 '세기의 결혼식'이라며 전 세계 언론의 스포트라이트를 받기도 하였다.

'미국의 도시'에서 '세계의 도시로'

벅시 시걸이 라스베이거스에 입성하면서 마피아 자본의 물꼬를 텄다면, 현대적인 '테마 리조트'를 개척한 인물로는 도박사 겸 모텔 체인의 CEO였던 '제이 리노'를 꼽는다.

그는 1960년대 초 라스베이거스를 여행하면서 플라밍고와 샌즈 등에서 카지노 게임을 밤낮없이 즐겼지만 시설들이 영 마음에 들지 않았다고 한다.

결국 그는 마피아의 후원을 받고 있던 노동조합 연금기금을 끌어들여 라스베이거스 최초의 테마 호텔을 구상했고, 로마시대 황제를 주인공으로 하는 '시저스 팰리스'를 탄생시켰다.

호텔 문을 열면 마치 황제가 된 듯한 착각을 불러일으키도록 한 시저스 팰리스 호텔은 '카이사르의 궁전'을 모티브로 하여 1966년 8월 5일 개장했다.

당시 시저스 팰리스 투자금액은 라스베이거스 사상 최대 규모인 2500만 달러였다. 680개 객실은 당시로서는 가장 큰 규모였으며 사람들은 시저스 팰리스 호텔에 열광하였다.

특히 그는 독특한 개장 이벤트를 위해 100만 달러를 추가로 투자했다. 이 때문에 라스베이거스 최초의 호텔카지노 개장 이벤트를 개척한 인물로 평가받는다.

그는 가장 화려하고 멋진 개장 축하연을 위해 개장식에 참석한 모든 고객들에게 안심 스테이크 2000kg, 샴페인 5000잔, 우크라이나 캐비어까지도 무료로 제공하는 특별 이벤트를 마련하였다.

라스베이거스 자료에 따르면 시저스 팰리스는 개장 이벤트에 거금을 쏟아 넣은 덕분인지 호텔과 카지노 예약금액이 첫 주에만 4200만 달러를 벌어들여 라스베이거스 매출기록을 갱신하였다.

이 때문에 시저스 팰리스는 수년간 라스베이거스 뿐 아니라 전 세계에서 가장 이윤을 많이 남기는 카지노로 이름을 올릴 수 있었다.

시저스 팰리스 호텔은 대한민국의 프로복서 김득구 선수 때문에 대한민국 국민들에게는 가슴 아픈 추억을 남긴 곳으로 기억되고 있다. 1982년 11월 13일 시저스 팰리스 호텔 특설 링에서 WBA 라이트급 챔피언 '레이 맨시니'에게 도전한 김득구 선수는 맨시니의 강펀치를 맞고 쓰러진 뒤 4일 만에 영영 불귀의 객이 되면서 '불운의 복서'로 남게 되었기 때문이다.

특히 시저스 팰리스 호텔은 더스틴 호프만과 톰 크루즈가 주연한 영화 〈레인 맨〉(1989년 5월 개봉)의 촬영지로 알려진 뒤 더욱 유명세를 탔다.

 미라지 리조트의 부회장 앨런 펠드먼은 시저스 팰리스를 만든 '제이 사노'에 대해 사람들이 라스베이거스에 오는 것은 도박이 아니라 '환상'을 찾기 위해 온다는 예리한 분석을 내놓은 인물이다.

라스베이거스 MGM 그랜드 전경

 앨런 펠드먼은 언론에 "사람들이 매력을 느끼는 건 도박이 아니었다. 사람들은 환상을 쫓았던 것이다. 그는 사람들이 소소한 일상으로부터 도피하기 위해 라스베이거스에 온다는 것, 그래서 라스베이거스에 푹 빠지길 원한다는 것을 확실히 간파하고 있었다. 사노는 세상의 대다수가 로마시대 황제인 시저처럼 살 수 있다면 시저처럼 살 것이라는 걸 알고 있었던 것이다"라며 인터뷰를 통해 라스베이거스의 진가(환상)를 설명하였다.

　제이 사노는 자신에게 대박을 안겨 준 시저스 팰리스를 개장 3년 만에 6000만 달러를 받고 팔아 치웠다.

　그리고 그는 세상에서 가장 활기차고 가장 세련된 서커스에 둘러싸인 카지노호텔 '서커스 서커스'를 만들며 또 한 번 사람들을 놀라게 한다.

　사노는 6000개의 객실을 자랑하는 세상에서 가장 호화스러운 호텔리조트를 짓기 위해 10억 달러를 투자할 투자자를 물색하며 다른 한편으로는 타워 한쪽 끝을 테라스로 만들고 위에서부터 각 층을 흘러내리는 인공폭포를 계획하고 있었다. 또 카지노 내부에 롤러코스터를 만들 생각도 하였다.

　이처럼 사노는 당시까지 라스베이거스 카지노에서 가장 기발한 콘셉트와 아이디어를 통해 라스베이거스 발전에 큰 기여를 했다는 평가를 받기도 했다.

　카지노 경영자이면서 도박사로 특이한 인생을 살아온 사노는 그러나 천문학적인 돈을 카지노에서 벌어들였지만 카지노를 개장한 이후에는 평상심을 잃은 탓인지 그가 모은 재산 가운데 2500만 달러를 도박으로 모두 탕진한 것으로 알려진다.

시저스 팰리스에 이어 서커스서커스 카지노호텔로 라스베이거스에 최초의 테마 리조트 역사를 쓴 사노는 아이러니하게도 1984년 거의 빈털터리 신세로 눈을 감은 것으로 알려졌다. 라스베이거스의 카지노 사업자 중 무일푼으로 인생을 마친 유일한 사람으로 기억되고 있다.

한편 1966년 8월 제이 사노가 시저스 팰리스를 개장하던 그해 '20세기 최초 억만장자', '영화제작자', '비행사' 등의 수식어를 가진 하워드 슈즈가 라스베이거스와 인연을 맺으면서 라스베이거스에 새로운 역사가 시작된다.

그는 영화보다 더 영화 같은 삶을 살았지만 많은 사람들은 신비에 쌓인 '은둔의 억만장자'로 기억하고 있다.

특히 그는 18세에 바위를 정교하게 자르는 드릴을 생산하던 휴즈 공구회사의 상속자가 된 이후 평생 돈방석에서 살았다. 193cm의 큰 키에 미남이기도 한 그는 모성 본능을 자극하는 매력적인 남자로도 알려졌다.

그는 억만장자라는 타이틀에 잘생긴 외모를 바탕으로 캐서린 햅번, 진 할로, 에바 가드너, 제인 러셀, 올리비아 하빌랜드, 수전 헤이워드, 진저 로저스 등 할리우드 톱스타들과의 염문이 끊이지 않았다.

또 뛰어난 비행사이기도 한 그는 두 번의 큰 비행 사고로 천국과 지옥을 오가는 위기를 겪었음에도 하늘을 나는 꿈을 포기하지 않을 정도로 하늘을 뜨겁게 사랑한 인물이다.

그는 특이하게도 술과 담배를 입에 대지 않았고 영화를 지극히 사랑하고 할리우드에서도 영화 제작으로 큰 성공을 거두기도 하였다. 이 때문에 그는 아름다운 미인과 영화는 물론 하늘까지 사랑한 매우 다양한 편력을 가진 독특한 인물로 회자되고 있다.

1966년 추수감사절 기간인 11월 27일 그는 라스베이거스에 도착하였다.

라스베이거스에 도착한 것도 기행으로 알려졌다.

휴즈의 전기 작가인 '마이클 드로스난'에 의하면 17년 동안 연방정부에 소득세를 단 한 푼도 납부하지 않았던 그는 캘리포니아 주의 과도한 세금과 벌금을 피한다는 명목으로 캘리포니아를 떠나기로 결심했다.

결국 캘리포니아에 있는 대저택과 특급호텔을 버리고 바하마, 지중해, 영국, 라스베이거스 가운데 한 곳을 도피처로 삼기 위해 수백 명에 달하는 수행원들과 여행을 떠났다. 도피처를 찾아 떠난 여행이었던 셈이다.

열차를 전세 내 라스베이거스에 도착한 휴즈는 그의 수행원들과 크리스마스 성수기 전까지 라스베이거스 최고의 호텔로 알려진 '데 저트 인'호텔의 2개 층 전체를 빌려 숙소로 사용했다.

그런데 크리스마스 성수기가 다가오는데 카지노 VIP들의 숙소로 제공해야 할 귀빈용 호텔 객실들을 몽땅 사용하면서도 (휴즈는)카지 노에는 관심조차 없었다. 특히 데저트 인 호텔을 떠날 기미도 보이 지 않았다.

참다못한 데저트 인의 CEO(모리스 댈리츠)은 "우리는 크리스마 스 성수기에 두 층의 방을 모두 VIP고객들에게 예약했으니 방을 비 워 달라"고 퇴실을 독촉하였다.

이 말을 비서로부터 전해 들은 휴즈는 라스베이거스에 정착하기 로 마음을 굳혔다. 그리고 그는 당시 데저트 인 호텔 시가의 2배에 달하는 1320만 달러를 지급하고 호텔을 통째로 사는 '호텔 쇼핑'을 감행했다. 누구도 상상 못한 생뚱맞은 투자였다.

이어 휴즈는 곧장 라스베이거스의 영구 거주민으로 등록하였다. 휴즈에게 퇴실을 요구했던 데저트 인의 CEO 댈리츠는 유태인 출신 에 마피아와 연관된 핵심 인물로 알려졌으나 라스베이거스에서 가 장 기부를 많이 한 카지노 사업가로 소문난 인물이다.

〈당시 데저트 인 호텔의 CEO로 알려진 댈리츠는 라스베이거스에 종합병원과 컨벤션센터, 라스베이거스 컨트리클럽을 지어 기부하는 선행을 베풀었다. 이런 선행으로 그는 1976년 라스베이거스 시민의 상, 1982년에는 유태인에 대한 편견을 바로 잡는 시민단체로부터 '자유의 불꽃 상'을 받았다. -안혁 저 《마피아》에서〉

데저트 인 호텔을 사들인 휴즈는 이후 1년 동안 샌즈, 캐스트어웨이, 뉴 프런티어, 랜드마크 등 라스베이거스 소재 6개의 호텔을 추가로 '쇼핑하는' 엄청난 재력을 과시하였다.

영화광이기도 한 그는 자신이 좋아하는 TV 프로그램을 마음대로 보기 위해 라스베이거스 지역 TV방송국 두 곳을 360만 달러에 인수하는 기행을 보이기도 했다.

이후 휴즈는 천부적인 경영 수완을 보여 주듯 라스베이거스에 오지 못하는 수억 명의 전 세계 도박사들을 도박에 끌어들이기 위한 마권 영업도 계획했다.

돈 많은 사람들은 짜릿한 베팅을 즐기기 때문에 마권 영업을 통해 카지노장이나 경마장에 가지 않고도 전화로 베팅을 할 수 있는 마권 영업을 하면 큰돈을 벌 것으로 생각했던 것이다.

그는 이 사업을 비서진에게 지시했으나 과중한 업무에 시달리는 그의 비서들이 이를 실행에 옮기지 못해 사업은 추진되지 못했고 더 많은 돈을 벌 기회를 놓치고 말았다.

당시 휴즈는 라스베이거스를 새롭게 변화시킬 원대한 꿈을 구상했다.

세계에서 가장 큰 카지노호텔(4000객실)을 만들고 호화로운 국제공항을 건설해 라스베이거스 시청에 고가로 매각하는 것이 첫 번째 아이디어였다.

또 그는 라스베이거스에서 최소 3, 4개의 카지노호텔을 추가로 매입하고 리노와 레이크 타호에 있는 해러스 카지노 인수도 추진하였다. 이외에도 당시 그는 네바다주 광산 수십 곳에 2000만 달러를 투자하고 있었다.

새로운 의과대학을 라스베이거스에 건립하고 네바다의 미래를 계획하는 재단에 거액의 기금 지원도 약속했다. 또 네바다의 주립전문대학 건립에도 거액을 기부했다. 네바다주에 정착한 휴즈는 애향심을 가지고 라스베이거스 발전을 위해 누구도 생각하지 못한 지역사업에 큰돈을 쾌척하거나 기부를 약속한 사례는 전무후무했다.

이처럼 휴즈는 미국의 도시에 머물던 라스베이거스를 세계의 도시로 만드는 거대한 꿈을 설계한 인물이었다.

그러나 휴즈는 미국 정부가 히로시마에 투하한 원자폭탄보다 100배나 강력한 수소폭탄 실험을 라스베이거스 인근에서 추진한다는 소식을 보도를 통해 접하고 혼란에 빠졌다. 이 때문에 그는 라스베이거스를 떠날 생각을 하게 된다.

그리고 그는 4년 전 그랬던 것처럼 1970년 추수감사절에 라스베이거스를 아무도 모르게 떠났다.

이렇게 라스베이거스를 떠난 억만장자 휴즈가 바하마의 브리타니아 비치호텔, 니카라과 인터콘티넨탈 마나구아로 등을 전전하다 마지막으로 머문 곳은 멕시코 아카폴카 프린세스 호텔의 펜트하우스였다.

멕시코의 마지막 여행지에서 1976년 4월 초 조용히 눈을 감은 그의 시신은 4월 5일 휴스턴 국제공항에 도착했고 이틀 뒤 조촐한 장례식이 치러졌다. 그가 남긴 유산은 20억 달러(2조 원)였다.

도박과 환락의 도시를 완성시킨 전설 3인방

라스베이거스 '카지노 제왕' 커코리언

라스베이거스 관광청에 따르면 2019년 기준으로 인구 200만에 불과한 라스베이거스에 연간 4300만 명 이상의 관광객이 방문하고 있다.

세계 최고의 관광, 휴양, 엔터테인먼트를 자랑하는 '환락의 도시' 라스베이거스는 3명의 '전설'적인 인물들로 들로 인해 현재의 '라스베이거스 신화'가 탄생할 수 있었다.

그 대표적인 주인공은 MGM 그룹의 커크 커코리언(2015년 98세로 별세), 윈 그룹의 스티브 윈(80), 샌즈 그룹의 셸던 아델슨(2021년 88세로 별세)이다.

MGM 그룹의 커코리언은 맨주먹으로 시작해 세계 최고의 카지노 재벌이 된 사실상 '흙수저' 출신의 입지전적인 인물로 회자되고 있다.

그는 로스엔젤리스에서 라스베이거스로 카지노 고객들을 실어 나르면서 라스베이거스와 인연을 맺은 뒤 카지노 재벌이 된 특이한 케이스의 인물이다.

언론보도와 자료에 따르면 그는 1917년 아르메니아 이민자 가정에서 태어나 어려운 가정 형편 때문에 중학교를 중퇴하고 돈벌이를 시작한 것으로 알려졌다.

운동에 일가견이 있던 그는 프로복싱 선수인 형의 영향으로 세계 챔피언의 꿈을 안고 복싱선수로도 뛰었다. 33승 4패의 화려한 전적이 말해 주듯 태평양 웰터급 아마추어 챔피언까지 지낼 정도로 운동 실력도 뛰어났다.

초등학교 시절, 신문팔이에 나서는 등 춥고 배고픈 시절을 보내야 했던 그는 22살 성인이 되어서도 시간당 45센트를 버는 초라한 노동자 신세에 머물렀다.

그러나 제2차 세계대전은 '춥고 배고픈' 처지의 그에게 새로운 도전의 기회로 다가왔다. 1939년 캐나다 공군에서 비행사를 모집한다는 공고를 보고는 자원하여 공군 조종사가 되면서 인생의 전환기를 맞게 된 것이다.

마카오 MGM타이파 전경

그는 전쟁 중 캐나다에서 만든 폭탄을 스코틀랜드로 운반하는 매우 위험한 임무를 맡게 되었지만 오직 돈벌이를 위해 목숨을 걸고 2년 반 동안이나 합법적인 '폭탄배달부'로 돈을 벌었다.

전쟁 종전 후에는 하와이에서 태평양전쟁 때 쓰다 버린 사실상 폐기된 군용비행기를 대당 1000~1200달러의 이윤을 남기고 본토에 되파는 사업을 시작했다. 이때부터 커코리언은 사업에 눈을 뜨기 시작했고 이 시기는 사업가로서의 남다른 DNA를 확인하는 기간이기도 하였다.

그는 두 대의 못 쓰게 된 비행기에서 부품을 추려서 판매 가능한 한 대의 비행기를 만들어 자신이 직접 미국 본토에 비행기를 몰고 가서 판매하는 방법으로 5만 달러를 벌었다. 이 역시 목숨을 건 사업이었다.

중고 비행기 판매 사업으로 5만 달러의 '자본금'이 모아지자 커코리언은 평소 관심을 가졌던 고객 운송 사업에 뛰어들었다.

5만 달러로 3대의 중고 여객기를 구입한 그는 캘리포니아에서 라스베이거스까지 카지노 고객들을 실어 나르는 전세기 운영권을 인수했다. 이때부터 그는 라스베이거스와 본격적인 인연을 맺기 시작한다.

커코리언은 승부사 기질이 매우 뛰어났던 것으로 알려졌다. 포커판에서 과감한 베팅을 즐겼으며, 이러한 도박사 기질은 사업에서도 화끈한 베팅으로 이어졌기 때문이다.

그는 뛰어난 승부사 기질을 발휘하여 성공한 사업체를 상당한 이윤을 남기고 처분하면서, 가치가 있는 기업을 사들이는 M&A 기법도 선보였다.

뛰어난 사업 수완을 가진 커코리언에 대해 은행들은 감동의 눈길을 보냈고 이후 은행들은 그에게 필요한 시기 때마다 원하는 만큼의 필요한 자본을 지원해 주는 든든한 후원군이 된 것으로 알려졌다.

2부: '도박과 환락의 도시' 라스베이거스 탄생

처음에는 수만 달러로 시작한 기업체 사고 팔기가 수십 만, 수백만 달러를 넘어 라스베이거스에 본격 진출하는 시기에는 작은 항공사를 8500만 달러에 팔아 치우는 실력을 보여 주었다.

커코리언 회장의 성공 비결은 무엇보다도 사업적 혜안과 승부사적 기질을 꼽는다. 특유의 사업적 본능에 따라 기업 사냥꾼으로 엄청난 부를 쌓으며 억만장자에 오를 수 있었던 것으로 전해지고 있다.

그가 아이러니 하게도 라스베이거스에서 첫 번째 사들인 호텔은 '벅시 시걸'이 세운 플라밍고호텔이다. 시걸이 암살된 이후 주인이 여러 차례 바뀐 플라밍고를 인수한 그의 목적은 다른 곳에 있었다.

플라밍고에서 카지노 사업을 하지 않고 그는 세계에서 가장 크고 화려한 호텔카지노에서 일할 능력을 갖춘 직원들을 양성하는 연수원(카지노 스쿨)처럼 플라밍고를 활용했던 것이다.

플라밍고에서 직원들이 능숙한 경지에 달할 즈음 그는 은행에서 6000만 달러를 대출받아 1512개의 객실을 갖춘 세계 최대 호텔 '인터내셔널 호텔 카지노'를 개장했다.

이 호텔은 개장과 동시 라스베이거스에서 가장 돈을 많이 버는 카지노가 되었다. 인터내셔널 카지노는 개장 한 달 만에 순 이익으로

500만 달러를 벌어들였기 때문이다.

　인터내셔널 카지노로 큰돈을 번 커코리언은 할리우드 최대 영화사인 MGM을 인수하면서 영화산업과도 인연을 맺게 된다. MGM 영화사 인수로 카지노 호텔에도 MGM 명칭을 그대로 사용하게 되었다.

　1924년 설립된 MGM은 할리우드 역사를 고스란히 간직한 영화사로 '영화의 시대'로 불렸던 1930~1940년대에 절정기를 누렸다. 당시 미국의 대표적인 스타 여자 배우로 그레타 가르보, 존 길버트, 클라크 게이블, 캐서린 햅번, 엘리자베스 테일러, 진 켈리, 그리어 가슨 등이 꼽힌다.

　영화 팬들의 향수를 자극하는 고전적 영화인 '바람과 함께 사라지다', '벤허', '닥터 지바고'를 비롯해 '007시리즈'를 만든 영화사가 MGM이다. MGM 로고에 웅장한 사자 울음이 나오는 것으로 일반인들에게 잘 알려져 있다.

마카오 MGM 사자상

그러나 MGM 영화 사업은 겉으로 보기에는 화려했지만 실상은 그에게 큰 손실을 안겨 준 사업이 되고 말았다. 사업적 마인드가 뛰어났던 그는 영화사에서 본 적자를 만회하기 위해 1억 2000만 달러를 투자해 2100개 객실 규모의 세계 최대 호텔인 'MGM 그랜드 호텔'을 1973년 개장하면서 승부사의 진면목을 보여 주었다. 당시 투자는 매우 위험한 베팅이었지만 결국 성공했다.

직원이 무려 4500명에 달하는 초대형 호텔인 MGM 그랜드는 커코리언이 남다른 열정과 아이디어를 쏟은 덕분에 1974년 한 해 동안에 무려 2200만 달러 이상의 수익을 올렸다.

라스베이거스 역사에서 사상 최고의 이윤을 남긴 기록으로 알려지고 있다.

그러나 인생은 '호사다마'라고 했던가.

라스베이거스 최고의 호텔과 카지노로 소문난 MGM그랜드에 몇 년 후 재앙이 닥쳤다.

1980년 11월 21일 MGM그랜드 호텔이 오전 7시 전기 누전으로 인한 화재로 순식간에 잿더미로 변했기 때문이다.

〈MGM의 거대한 정문 위로 연기가 올라오는 것이 보였다. 경계경보는 천천히 전달되었다. 카지노 내부에서는 크리스털 샹들리에가 산산조각이 났고, 천장의 패널은 깨지면서 떨어졌다.

그러는 사이에 이제껏 누구도 눈여겨보지 않았던 두 번째 불덩어리가 정문 입구를 향해 돌진해 왔다. 그리고 모든 것이 무너지기 시작했다. 단 90초 사이에 카지노와 그 주변의 생명이 사라졌다. 화재가 진압되었을 때엔 이미 85명이 목숨을 잃은 뒤였다……. - '생각의 혁신, 라스베이거스에 답이 있다'에서〉

MGM그랜드 대표였던 커코리언과 보험회사는 희생자 가족에게 7500만 달러를 보상금으로 지불했고, 추가로 지출된 보상금도 엄청난 거액이었다.

라스베이거스 최악의 화재 참사로 주변에서는 MGM과 함께 커코리언 시대가 끝났다고 생각했다.

그런데 화재 발생 8개월이 지난 1981년 7월 29일 MGM그랜드는 리모델링을 거쳐 다시 화려하게 부활했고, 카지노와 호텔 객실은 전성기와 다름없이 고객들로 붐볐다. 역시 커코리언이라는 찬사가 나왔다.

커코리언이 재기에 성공하고 5년이 지난 뒤엔 MGM그랜드를 4억 4000만 달러에 처분하면서 다시 한 번 세상을 놀라게 했다.

MGM그랜드를 처분한 이후 경쟁사였던 '스티브 윈'의 미라지 리조트, 만달레이 리조트그룹까지 인수하면서 그는 세계 최고의 카지노 재벌로 발돋움했다. 이때부터 그는 언론에서 '기업사냥꾼'이라 호칭하기 시작하였다.

미라지는 스티브 윈이 6억 3000만 달러라는 당시로서는 천문학적인 비용이 투자된 카지노 호텔이었다.

또한 그는 1980년대 자동차 업체 크라이슬러, 2005년에는 제너럴모터스에도 투자해 큰돈을 벌었다. 이때부터 그는 '투자의 귀재', 'M&A의 대부'라는 새로운 별칭이 붙었다. 21세기 '투자의 귀재'로 알려진 워런 버핏보다 앞선 '투자의 달인'이었던 셈이다.

한편 커코리언은 카지노 업계에서 가장 기부 활동에 적극적으로 나선 카지노 CEO로 알려지기도 했다. 딸 이름을 딴 린시 재단은 1988년 커코리언의 조국 아르메니아에서 발생한 지진 희생자 지원에 거액을 지원했다. 또 로스엔젤리스 캘리포니아 대학에 2억 달러를 쾌척하기도 했다.

현재 MGM그룹은 MGM그랜드를 중심으로 가장 화려하고 우아한 아리아리조트&카지노, 벨라지오, 뉴욕 뉴욕, 맨덜레이 베이, 미라지, 룩소, 서커스서커스, 엑스 칼리버, 몬테카를로 등 10개의 호텔카지노 리조트를 보유하고 있다.

12조 원이 넘는 공사비가 투자된 아리아리조트는 총 7개 빌딩 단지에 카지노, 4800개 객실의 최고급 호텔, 2500개 객실의 콘도, 수영장, 명품쇼핑센터, 공연장, 레스토랑을 갖춘 세계 최고 최대의 복합레저단지를 자랑한다.

또 그는 아시아의 황금시장인 마카오에도 진출해 2007년 MGM 마카오를 개장했다. MGM마카오는 스탠리 호 둘째 부인의 딸 팬시 호가 대표로 있는 부동산 기업 순탁그룹과 공동 지분으로 만들어졌다.

MGM 마카오는 '마카오의 카지노 황제' 스탠리 호와 넷째 부인 안젤라 렁의 러브스토리를 테마로 '라스트 프로포즈'(2008년 제작) 제목의 영화로 만들어지며 더욱 유명해지기도 했다. 2018년에는 1월에는 MGM의 마카오 두 번째 카지노리조트인 'MGM 타이파'가 코타이 스트립지구에 개장했는데 이곳은 '빛나는 보석 같은 외관'을 테마로 했으며 마카오 혁신의 아이콘으로 유명하다.

마카오 카지노호텔 가운데 외부조명이 가장 화려하고 독특한 것으로 유명하며 관광객들은 이곳을 '보석호텔'이라고 부른다.

언론과 접촉을 꺼린 커코리언은 2005년 'LA타임스'와의 단독인터뷰에서 "많은 사람들이 내 사업적 비전을 궁금해한다. 나는 사업체를 인수할 때마다 5만 달러 이상의 이익을 남기면 행복해했다"고 밝혔다.

지난 2015년 6월 15일 커코리언이 별세하자 짐 머런 MGM CEO는 "6만 2000명에 달하는 임직원들은 위대한 개인이자 사업자, 소통자, 혁신가 이며 미국의 가장 위대한 세대 중 한 명인 커코리언에 경의를 표한다. 탁월한 사업 통찰력과 변함없는 진실성으로 그는 우리 시대의 가장 명망 높고 영향력 있는 재계 인사 중 한 명이 되었다"고 애도했다.

스티브 윈 - 라스베이거스를 개조한 '카지노 전설'

미국 라스베이거스에서 '스티브 윈'의 존재는 가히 신화적이다.

디즈니랜드가 어린이들의 놀이터라면 라스베이거스를 '어른들의 놀이터'로 만든 인물이 바로 스티브 윈이기 때문이다.

'라스베이거스 황제', '카지노 왕'으로 불리고 있는 그는 아버지의 영향을 가장 많이 받은 것으로 알려졌다.

아버지가 도박으로 재산을 탕진하는 것을 숱하게 목격한 그는 "카지노에서 돈을 버는 유일한 길은 카지노를 소유하는 것"이라는 유명한 일화를 남겼다. 또 실제 그는 카지노 재벌이 되어 이를 입증하였다.

자료에 따르면 그의 아버지는 빙고 게임장을 운영해 번 돈을 들고 아들 스티브 윈을 동반해 라스베이거스 카지노에 갔다가 빈털터리로 메릴랜드의 집으로 돌아오는 것을 반복했다고 한다.

그러나 그는 이러한 과정에서 카지노 산업의 매력에 심취했고 후에는 라스베이거스 황제라는 칭송을 받는 디딤돌로 만들며 카지노 역사의 한 획을 그을 수 있었다.

펜실베이니아 대학을 다니던 시절에는 주말마다 집으로 돌아와서 아버지 마이클 윈의 매릴랜드 빙고게임장의 사업을 도와주면서 자연스럽게 게임 사업에 대하여 학습했다.

〈나는 1950년대 라스베이거스는 사막의 작은 도시로 기억하고 있다. 모래 위에서 매일 승마를 했다. 카지노 도박장의 책임자는 하이칼라 옷을 입고, 칵테일을 나르는 웨이트리스들은 정말 예뻤다.

그래서 생각했다. 이건 정말 대단한 사업이다. 영화에서 본 듯한 화려함과 은행의 안정감이 있는 사업에 흥미를 갖게 되었다.

나는 태어난 이후로 식사 한 끼, 수업료 한 푼, 옷 한 벌이라도 도박을 통하지 않고 들어온 것이 결코 없는 그런 아이였다. 1963년 아버지가 병으로 사망한 뒤에는 온 세상을 잃은 기분이었다.

그러나 아버지의 사후 나는 아무것도 두려울 것이 없다는 것을 알게 되었다. - '생각의 혁신 라스베이거스에 답이 있다'에서〉

마카오 윈 카지노리조트

1963년 대학을 졸업하고 같은 해 아버지를 잃은 그는 빙고게임장을 인수해 운영하다가 라스베이거스 진출을 위해 1967년 과감하게 빙고 사업을 접었다.

마침내 그는 대단히 매력적인 사업이라고 생각했던 '카지노의 중심지', 라스베이거스로 아내 엘렌과 함께 삶의 터전을 옮겨 새로운 도전에 나섰다.

이때 윈은 자신의 든든한 동반자인 밸리 뱅크의 CEO 패리 토머스를 만나게 됐고, 그를 통해 라스베이거스에서 주류 판매 독점사업을 할 수 있는 자금을 대출받으면서 라스베이거스에 기초를 다지게 된다.

그는 수년간 주류 판매업을 통해 번 돈과 토머스에게서 대출받은 돈으로 부동산 투자를 하며 종잣돈을 만들어 나갔다. 어려서부터 다져진 사업 수완이 차츰 빛을 발하는 시기였다.

당시 하워드 슈즈가 소유하던 시저스 팰리스 인근의 주차장을 110만 달러에 구입했다가 225만 달러에 판매하면서 순식간에 2배가 넘게 남는 수익을 올린 것이 대표적이다.

이를 계기로 1975년 윈은 본격적으로 카지노 사업 진출을 결심하고 다운타운에 위치한 '골든 너깃' 카지노 인수를 준비하였다. 골든 너깃은 카지노 입구에 세계에서 가장 큰 금덩어리(28kg)를 전시하고 있는 것으로 유명하다.

골든 너깃의 특징은 최소 5만 달러 이상의 하이롤러(고액 도박꾼)만 이용할 수 있는 객실이 별도로 제공된다. 또 하이 롤러에게만 골든 너깃의 골프장을 이용할 수 있는 특권을 제공한다.

골든 너깃 골프장은 개장 이후 매년 미국 PGA투어가 개최되고 있을 정도로 코스가 뛰어난 것으로 유명하지만 일반 고객은 라운딩이 불가능한 골프장이다.

경영 능력이 뛰어난 그는 골든 너깃의 주식을 사들이면서 카지노의 돈이 엉뚱한 곳으로 새어 나가는 문제점을 알게 되었고, 카지노 운영자의 무사안일과 무능력까지 파악하게 된다.

당시 골든 너깃에 근무하는 딜러와 감독, 교대 담당 책임자들이 매일 오전 4시경 바에서 만나 그날 벌어들인 수익 가운데 상당액에 달하는 거액의 현금을 나누어 가졌던 것이다. 이런 돈이 연간 수백만 달러가 넘었다. 이런 고급 정보를 그는 골든 너깃의 간부에게서 전해 들었다.

골든 너깃의 주식 50% 이상을 확보한 윈은 회사 책임자를 바꾸고 경영권을 확보하였고, 그 후 100만 달러의 이익에 불과하던 액수가 1년이 채 지나지 않아 무려 4배가 넘는 425만 달러로 급증했다.

그리고 타워호텔 신축 뒤인 1977년에는, 연간 수익이 1200만 달러가 넘었다.

자신이 원하는 카지노 사업에 필요한 자금을 확보한 윈은 뉴저지의 애틀랜틱시티의 아름다운 해변산책로에 위치한 낡은 모텔을 850만 달러에 인수했다.

낡은 모텔을 헐어 버린 윈은 이곳에 1억4000만 달러를 투자해 506개의 객실을 갖춘 애틀랜틱시티에서 가장 호화롭고 환상적인 호텔카지노를 건축했다.

골든 너깃으로 명칭이 붙은 이 호텔은 아치형의 거울로 덮인 천장에 크리스털 샹들리에를 달고 스테인드글라스와 대리석 기둥으로 만들어져 애틀랜틱시티의 변화를 가져오게 만들었다.

규모가 작지만 관광객과 도박사를 불러들이는 가장 아름다운 호텔로 소문이 나자 그곳의 카지노 사업가인 밸리스가 4억4000만 달러에 인수를 제안했다.

당시 뉴욕의 중개인으로 활동하던 도널드 트럼프(제45대 미국 대통령 역임)는 골든 너깃을 2억 2000만 달러에 인수하려던 상황이었다.

1988년 윈이 라스베이거스에 컴백한 당시는 공교롭게도 15년간 라스베이거스 카지노들이 대부분 투자에 소홀하고 이윤 극대화에만 관심을 쏟던 시기였다.

윈은 시저스 팰리스 바로 옆에 102에이커(41만 2700㎡)의 부지를 사들여 '신기루'와 '열대'를 테마로 한 카지노 역사상 가장 세련되고 가장 비싼 미라지 호텔을 신축하면서 새로운 역사를 만들었다.

무려 6억 3000만 달러가 투자된 미라지는 30층 건물에 3049개의 객실, 호텔 로비에는 가장 화려하고 웅장한 76만 리터의 물이 채워진 아쿠아리움과 웅장한 열대의 숲을 경험할 수 있도록 했다.

라스베이거스 윈 호텔에 설치된 뽀빠이 시그니처 작품

아쿠아리움에는 1400만 달러를 들여 구입한 돌고래를 비롯해 열대산 물고기와 가오리 등 수천 종의 물고기들이 유영을 즐기고 있다.

이 때문에 미라지 호텔은 입구 로비가 환상적이며 전체 시설은 청동과 금으로 뒤덮였고, 화려한 가구들로 가득 채워졌다.

또한 호텔 입구에 설치된 '화산 쇼'는 미라지를 찾는 연간 수천만 관광객들이 스스로 찾아오게 만드는 일등 공신 역할을 하기에 충분했다.

1989년 개장한 미라지호텔은 기존 호텔들보다 50억 달러가 더 투자되었지만 첫 해 20억 달러의 수익을 올려 하루에 100만 달러의 적자를 볼 것이라는 주변의 우려를 한 순간에 불식시켰다.

선구자적 건축물로 기록된 미라지 호텔은 '죽기 전에 꼭 봐야 할 세계 건축물'에도 선정됐고 라스베이거스의 변화를 주도한 건축물로도 이름을 남겼다.

미라지호텔이 대박을 거두면서 스티브 윈은 라스베이거스는 물론 미국에서 주목받는 인물이 되었다.

미라지가 2년 연속 거액의 흑자를 기록하자 세계에서 가장 돈을 많이 버는 카지노로 등극하였고 언론에서는 카지노 역사를 새로 쓰게 되었다고 극찬했다.

투자자들은 새로운 카지노호텔 신축을 윈에게 기대했고 마침내 그는 2년 뒤 객실 수 2999개에 4억3000만 달러를 들여 스티븐슨의 소설《보물섬》을 테마로 한 '트레져 아일랜드' 호텔이 탄생했다.

트레져 아일랜드는 호텔 입구에 대형 호수를 만들어 실물 크기의 해적선과 영국제국의 군함을 만든 뒤 당시 전투를 재현하는 '부커니어 베이'(해적선 쇼)를 실외 전시 무대로 만들었다.

해적선과 영국제국 군함이 대포를 쏘고 전문 스턴트맨들이 부커니어 해전을 실전처럼 실감나게 연출하며 강물과 불속으로 뛰어드는 역동적인 장면은 라스베이거스를 찾는 관광객들에게 감동과 잊을 수 없는 추억을 선사하였다.

윈이 '화산 쇼'와 '해적선 쇼'등을 연출하는 미라지에 이어, 트레져 아일랜드에서도 연이은 대박을 터뜨리자 라스베이거스는 관광객들의 발길이 급증했고, 카지노에도 고객이 넘쳐 나는 것은 당연지사였다.

윈의 세 번째 야심작은 시저스 팰리스 남쪽, 파산해 버려진 둔즈 호텔카지노였다.

라스베이거스에서 마법사 같은 존재감을 드러낸 윈은 3번째 호텔카지노 사업을 시작하면서 색다른 이벤트를 준비했다.

〈상식을 뛰어넘는 거액을 들일 새로운 모험을 시작하기에 앞서 윈은 라스베이거스식의 스펙터클한 파티를 준비한다. 트레져 아일랜드의 개장과 둔즈의 종말을 함께 축하할 수 있는 볼거리였다.

1993년 10월 27일 20만 명의 사람들이 둔즈를 돌무더기로 변화시킬 마지막 내부 폭파 이벤트를 구경하기 위해 스트립 거리에 몰려들었다. 요란한 음악 소리가 울려 퍼졌고 TV카메라가 바쁘게 돌아

갔다. 기자들은 전 세계에 생중계될 장면의 의미를 여러 언어로 실황중계하기 시작했다.

'라스베이거스 리뷰저널' 칼럼니스트 존 스미스도 기자들 틈에 있었다. 폭파에 앞서 진행된 불꽃놀이에 100만 달러를 들였다는 것에서 시작해 라스베이거스 카지노 왕 스티브 윈의 새로운 도전을 소개했다.
- '생각의 혁신 라스베이거스에 답이 있다'에서〉

44만5000㎡의 부지를 조성한 윈은 이탈리아의 한 마을에서 영감을 얻어 '아름다운 휴가'를 테마로 한 '벨라지오 호텔'에 8억 달러를 투자해 3000개의 객실과 인공 호수를 만들었다.

호텔 입구에 설치진 인공 호수에서는 음악에 따라 물줄기가 춤을 추는 세계 최고의 분수 쇼가 펼쳐지고 호텔 실내는 온실과 미술품 갤러리, 명품 숍으로 화려하게 단장되어 있었다.

1998년 10월 스티브 윈 소유의 미라지 리조트 벨라지오가 개장했다.

당시 언론은 벨라지오를 소개하면서 스티브 윈 회장의 컬렉션 3억 달러어치에 관심을 보였다.

그가 소장하고 있는 컬렉션은 피카소, 반 고흐, 고갱, 마티스, 세잔느, 모네, 르누아르 등 세계적인 화가들의 진품이 가득했기 때문이다. 스티브 윈의 소장품 가운데 가장 유명한 그림은 피카소가 젊은 애인을 그린 '꿈(The Dream)'이다.

윈은 이 작품을 1997년 4800만 달러(576억 원)에 샀는데, 2006년 이 작품을 팔겠다고 공개하는 장소에서 실수로 자기 팔꿈치로 그림을 망가뜨리고 말았다. 당시 기자들 수십 명이 보는 가운데 이런 일이 펼쳐지자 즉각 전 세계에 보도되면서 이 그림은 더 유명해졌다.

특히 벨라지오의 미술품 갤러리는 스티브 윈의 녹음된 목소리로 세계적인 명화를 안내하면서 관람객들의 반응은 기대 이상이었다는 평가를 받았다.

이 때문에 밸라지오 호텔은 최고급 호텔의 효시가 되었고 세계 최고의 명품호텔로 자리매김하면서 이후 라스베이거스에서 뉴MGM, 엑스칼리버, 만달레이베이 등의 초호화 호텔들이 들어서는 계기가 되었다.

밸라지오 호텔 이후 1990년대 라스베이거스 스트립 거리는 이전과 확연히 달라졌고 윈은 이후 자신의 이름을 따 건물 외관을 순금으로 도금한 문양의 '윈 호텔'과 '앙코르 호텔'을 지었다.

윈 호텔에는 미국의 위대한 화가이자 작가인 '제프 쿤스'의 작품 '뽀빠이'가 전시되어 있는데 이 작품의 가격은 무려 350억 원을 호가하는 세계적인 작품이다.

윈호텔은 특히 MGM그랜드호텔의 '카쇼' 등 라스베이거스 3대 빅쇼로 알려진 수중에서 펼쳐지는 '르 레브 쇼'가 유명하다. 이들 쇼에 출연하는 국가대표 급 수영선수와 체조선수 출신들의 연봉은 모두 1억 원을 넘는 것으로 알려졌다.

윈은 2007년 마카오에도 진출해 마카오 윈과 앙코르 호텔 카지노를 개장한 데 이어 지난 2016년 8월에는 마카오 코타이 지구에 40억 달러를 투자한 '윈 팔레스'도 문을 열었다.

'꽃'을 테마로 한 윈 팔레스는 곤돌라와 분수 쇼를 비롯해 럭셔리한 명품관, 고급 레스토랑, 컨벤션 센터 등이 유명하다.

특히 윈은 일본 오사카와 도쿄에 100억 달러를 투자하는 복합카지노리조트에 마지막 열정을 불태울 채비를 하고 있다.

그러나 열정적으로 살아오고 라스베이거스에 신화를 창조한 윈은 자신의 화려한 인생을 남에게 알려지는 것을 극도로 싫어했다.

지난 1995년 스티브 윈의 성공적인 삶을 다룬 책 《러닝 스케이드-라스베이거스 카지노왕 스티브 윈의 삶과 격정의 시대》가 출간되자 그는 노발대발한 것으로 알려졌다.

자신의 일대기를 주인공으로 한 작품이 자신의 허락을 받지 않았다며 그는 출판사를 상대로 소송을 제기했다. 당연히 라스베이거스 법정은 스티브 윈의 일방적인 승리를 선고했다. 그러나 재판이 끝난 뒤 담당 판사의 남편이 윈의 회사에 고위직으로 채용되면서 논란이 일기도 했다.

그는 라스베이거스의 매력에 대해 다음과 같이 말했다.

"내가 라스베이거스를 가장 사랑하는 이유는 무한한 상상력을 갖고 새로운 명물을 건설하려는 이들에게 엄청난 기회를 제공하는 곳이기 때문이다.

지구촌 어디에서 카메롯 성과 피라미드가 연이어 있고 몬테카를로 옆에 자유의 여신상이 있으며 로마제국과 이탈리아 호수가 붙어 있는 것을 라스베이거스 말고 어느 곳에서 찾겠는가. (라스베이거스는) 어떤 곳이든 관광객을 몰두하게 만든다. 앞으로도 최고의 작품들이 계속 출현할 것이다."

'아시아 재패'한 샌즈그룹 셸던 아델슨 회장

2001년 8월 마카오 정부가 카지노 시장을 개방하자 미국 라스베이거스 자본들이 '중국 리스크'를 우려하면서 투자를 머뭇거렸다.

그러나 샌즈 그룹의 셸던 아델슨 회장은 가장 먼저 마카오 진출을 결심하고 '마카오 상륙작전'을 진두지휘하면서 아시아 시장을 선점하였다.

2002년 '샌즈(金沙)마카오'를 착공해 2004년 5월 15일 개장한 샌즈는 칙칙하고 낮은 천장 등 중국 일색의 마카오 카지노 시장에 천지개벽을 일으켰다.

총 5층으로 된 샌즈마카오의 카지노 영업장은 수십 미터 높이의 층간 공간, 화려하고 현란한 조명, 카지노 영업장에서 가수와 무희들이 노래와 춤을 제공하는 공간이 탄생하자 중국인들에게 새로운 별천지로 인식되었다.

2억4000만 달러를 투자한 마카오 샌즈는 개장 10개월 만에 원금을 모두 회수했다는 소식이 라스베이거스에 전해지자 MGM과 윈이 마카오에 투자를 시작했다. 언론과 카지노 업계에서는 샌즈 마카오의 대박 소식을 듣고 '샌즈 효과'라는 신조어를 만들어 냈다.

자료에 따르면 아델슨 회장은 미국 보스톤 빈민가에서 가난한 유대계 이민자 가정에서 태어났다. 그의 아버지는 유태인 출신이었지만 택시 운전을 한 탓에 어려서의 기억은 피폐한 생활만 생각난다고 밝혔다.

이처럼 '찢어지게' 가난하게 산 덕분에 그는 어린 나이부터 돈을 벌어야 한다는 생각을 일찍이 갖게 되었다.

12세에 삼촌에게 200달러를 빌려 신문 가판대 사업을 시작한 것이 자수성가를 향한 첫 출발이었다. 이후 그는 캔디 가게를 거쳐 아이스크림 판매업, 속기사, 모기지 브로커도 경험한다.

고등학교를 졸업한 이후 사업가가 되기 위한 비즈니스에서 또래 친구들보다 훨씬 다양하고 화려한 이력을 쌓을 수밖에 없었던 이유다.

더 성장한 뒤에는 투자 자문가, 여행사 사장, 벤처캐피털리스트로도 뛰었다. 기업회계와 부동산을 틈틈이 배운 그는 육군 병사로 근무하다 제대한 뒤 뉴욕 월가에서 법원 속기사로 일하는 등 제법 다양한 분야를 경험하였다.

1960년 들어 비즈니스에 제법 안목을 넓힌 그는 1960년대 초 뉴욕 월가에서 주식매매 컨설팅으로 상당한 재산을 모았다. 이후 고향인 보스턴으로 돌아온 그는 기업투자에 나서 수십 개 이상의 기업을 보유하고 AITS라는 여행사에 주식투자를 해 큰 수익을 올린다.

당시 곧장 주식을 처분했으면 돈 방석에 올라앉을 뻔 했지만 계속 보유하고 있다가 1960년대 말 주식폭락으로 오히려 빚더미에 올라앉게 된다.

어려서부터 인생의 평지풍파를 다양하게 경험한 그는 이번에는 보스턴에서 부동산 중개업으로 통해 재기를 노렸지만 부동산 시장이 침체기에 접어드는 바람에 두 번째 실패를 경험하게 되었다.

연이은 실패로 보통 사람 같으면 사업과 인생을 포기하거나 안정적인 직장을 찾았겠지만 오뚝이 인생 같은 삶을 살아온 그는 재기를 노리며 새로운 사업 구상을 하였다.

마카오 샌즈 카지노

이윽고 1971년 그에게 절호의 기회가 찾아왔다. 컴퓨터 분야에 관심이 많았던 아델슨은 '데이터 커뮤니케이션 유지'라는 컴퓨터 잡지를 발행하는 작은 회사의 경영권을 인수하게 된 것이다.

캘리포니아주 애너하임에서 열린 아파트 전시회에 참석한 아델슨은 아파트 관련 잡지사가 전시회를 주최한 사실을 알고 새로운 세상에 눈을 뜨게 되었다.

그는 자신의 잡지사에서도 컴퓨터 전시회를 주최할 수 있다는 사실에 주목하고 즉시 새로운 사업구상을 시작하였다.

마침내 1973년 댈러스에서 그는 첫 컴퓨터 전시회를 열었다.

그리고 2년이 지난 1975년 잡지사 지분을 처분하고도 컴퓨터 전시회를 자신이 계속 주최했다. 전시회를 통해 사업 성공을 확신한 그는 자신이 보유하고 있던 아파트를 처분해 매사추세츠주 니드엄에서 인터페이스그룹을 창업한다.

이 회사는 바로 세계 최대 정보기술(IT)박람회로 유명한 '컴덱스 쇼'를 시작한 곳이다. 그는 1979년 라스베이거스 MGM그랜드호텔 컨벤션센터에서 첫 컴덱스 쇼를 개최하게 된다.

컴덱스쇼는 이때부터 라스베이거스에서 열리는 세계 최대 전시회로 발전하게 되었다. 마침 IBM과 애플컴퓨터 같은 글로벌 PC 브랜드들이 라스베이거스 컴덱스 쇼를 계기로 세계적 회사로 발전하게 되었다. 라스베이거스에서 컨벤션 사업이 주목받는 시기가 도래한 것이다.

컴덱스 쇼가 탄탄대로를 달리면서 1980년대 후반에는 인터페이스그룹의 순이익이 2억5000만 달러에 달할 정도로 대성공을 이뤘고 아델슨은 컨벤션 분야의 1인자로 이름을 알렸다.

1990년 라스베이거스 컴덱스 쇼에는 전 세계 2200여개 회사에서 참여하고 관람객이 22만 명이 넘는 수준으로 비약적인 발전을 하였다.

당시 라스베이거스 컴덱스 쇼에서 아델슨의 돈 버는 방법은 참가업체에 제곱피트(가로 세로 30cm 면적)당 50달러를 참가 수수료로 받았다.

그는 라스베이거스 컨벤션센터를 대여해 준 호텔에게는 제곱피트당 15센트를 내면서 매우 높은 고수익 비즈니스로 큰돈을 벌었다. 사실상 땅 짚고 헤엄치기나 마찬가지였다.

컨벤션 사업으로 떼돈을 번 그는 미국 내 다른 도시와 유럽, 일본에서도 컴덱스쇼를 열면서 비즈니스 무대를 넓혀 나갔다. 마침내 아델슨도 카지노 사업 진출의 기회를 갖게 된다.

1988년 아델슨은 인터페이스 공동 투자자들은 라스베이거스에서 전용으로 사용할 컨벤션센터를 찾아 나섰다.

당시 참가 수수료를 통해 많은 돈을 버는 것을 알게 된 라스베이거스 컨벤션 호텔업자들은 자신들에게 더 높은 대관료 지불을 요구하자 아델슨은 대안으로 컨벤션호텔 매입에 나섰다.

마침내 아델슨은 커크 커코리언이 소유하고 있던 샌즈호텔을 1억 2800만 달러에 인수하기로 합의하였다.

샌즈호텔을 인수한 아델슨은 호텔에 1억5000만 달러를 추가로 투자해 컨벤션 센터를 대폭 확장하고 인터페이스그룹 전용 전시관 건립에도 6000만 달러를 추가로 투자했다. 아울러 대형 쇼핑몰도 추가해 새로운 샌즈호텔로 만들어 이듬해 1989년 개장하였다.

샌즈호텔 재개장 시에도 아델슨은 카지노 사업보다 컴덱스 쇼에 관심이 많았다.

1995년 일본 소프트뱅크 손정의 회장이 컴덱스 쇼에 관심을 보였고 결국 손정의는 8억6000만 달러라는 천문학적인 돈을 들여 아델슨의 컴덱스 쇼 판권을 매입했다. 당시 거래를 통해 아델슨은 무려 5억 달러(판매대금의 58%)를 자신의 몫으로 챙긴 것으로 알려졌다.

이어 아델슨은 뉴욕 월가 자본을 유치해 라스베이거스 최초의 대형 컨벤션센터인 '샌즈엑스포센터'를 개관했지만 예상보다 수익이 나지 않자 카지노리조트사업(IR)에 본격 나서게 된다.

1991년 두 번째 부인 미리엄과 결혼한 그는 이탈리아 베네치아로 신혼여행을 떠났다가 그곳에서 '눈이 번쩍 뜨이는' 영감을 얻었다.

신혼여행에서 새로운 사업 아이템을 확보한 그는 '물의 도시' 베네치아를 라스베이거스에 재현하기로 하고 1996년 라스베이거스 샌즈호텔을 철거한 뒤 베네치아호텔을 건립하였다.

건축과 도시디자인 분야에서 선각자적인 재능을 가진 그는 '도시 재생사업' 차원의 베네치안 리조트에 3000실의 호텔 객실, 대형 회의와 전시가 가능한 대형 컨벤션센터, 쇼핑몰, 카지노, 물길을 만들고 뱃사공이 노래를 부르며 곤돌라를 운행토록 했다.

무려 15억 달러가 투입된 라스베이거스 베네치안 테마파크 호텔&리조트는 1999년 개장과 동시 라스베이거스의 새로운 명물이 되면서 언론의 스포트라이트를 받았고 관광객들을 열광시켰다.

아델슨은 라스베이거스 베네치안을 통해 도시 재창조의 신화를 쓴 인물이 되면서 동시에 컨벤션과 카지노를 결합한 창의적 사업가라는 애칭을 들었다.

주중에는 이곳에서 회의와 전시를 하고 주말에는 카지노와 레저로 일주일 내내 사람들이 찾는 복합리조트라는 새 장르를 개척한 혁신적인 경영인으로 그를 평가했다.

에델슨 회장이 절반 이상의 주식을 보유한 '라스베이거스 샌즈 코퍼레이션'은 세계 최대의 카지노, 컨벤션, 전시 업체로 등극하였다.

베네치아가 대성공을 거둔 뒤 1999년 12월 중국에 귀속된 마카오가 2001년 카지노 시장을 개방한다고 밝히자 가장 먼저 마카오에 깃발을 꽂았다.

2억 4000만 달러를 투자한 '샌즈 마카오'가 2004년 5월 개장과 동시에 성공하자 곧장 바다를 매립해 조성한 신도시 지역인 코타이 지구에 7억 달러를 들여 제2의 베네치아를 2007년 개장했다.

이곳에는 스위트룸 호텔 3000객실, 300개의 쇼핑센터, 100여 개의 레스토랑, 1만 5000석의 대형 회의와 공연이 가능한 컨벤션 센터, 이탈리아 베네치아를 옮겨온 것 같은 뱃길과 곤돌라를 운행시켰다.

이런 여세를 몰아 그는 코타이 지구에 포시즌 호텔을 중심으로 '샌즈 코타이 센트럴'을 조성했다. 이곳에는 콘래드, 홀리데이 인, 쉐라톤 호텔 등 3개의 5성급 호텔이 카지노와 쇼핑센터, 레스토랑 등이 서로 연결되어 있다.

지난 2016년 9월에는 샌즈 코타이 센트럴 인근에 파리 에펠탑을 그대로 옮겨다 놓은 파리지앵 호텔리조트까지 추가로 개장하였다.

마카오 코타이 지구에 샌즈그룹이 투자한 돈은 최소 120억 달러에 달하며 호텔 객실만 2만 실에 육박하고 있다.

특히 아델슨 회장은 싱가포르에도 35억 달러를 투자해 세계에서 가장 멋지고 화려한 '마리나베이 샌즈' 카지노리조트를 개장함과 동시에 아시아에서 카지노리조트로 가장 돈을 많이 버는 CEO자리를 꿰차게 되었다.

아델슨 회장은 지난 2010년부터 대한민국 카지노리조트 시장 진출에 가장 적극적으로 나서기도 했다. 서울, 부산, 군산 새만금 등지에 오픈카지노를 조건으로 5~10조 원 투자를 약속하면서 강원랜드를 위협하였다.

마카오 베니시안 곤돌라

'카지노의 제왕'으로 불리는 그는 현재 일본이 카지노 시장을 개방하자 일본으로 달려가 100억 달러 투자를 제안하며 도쿄나 오사카 진출을 벼르기도 하였다.

아델슨은 2016년 미국 대통령선거에 뛰어든 도널드 트럼프에게 거액을 후원했고 당선 후에도 56억 원(500만 달러)을 추가로 기부하면서 최고액 기부자로 트럼프를 감동시켰다는 후문이다.

유태인 출신 가운데 가장 부유한 억만장자인 그는 그러나 부의 세습을 바람직하지 못한 것으로 생각했다고 한다.

아들 둘에게 용돈을 현금 대신 포인트로 주는 것으로 알려진 그는 공부를 열심히 하거나 친구들과 관계를 잘 맺으면 포인트를 주고 바람직하지 않은 행동을 하면 포인트를 삭감하는 식이다.

아내에게는 마약 중독자 재활과 연구를 위한 클리닉을 운영토록 하는 등 박애주의자로 인정해 주기를 기대한다고 알려지고 있다.

라스베이거스와 아시아 카지노 시장까지 주물렀던 카지노 황제 셸던 애덜슨 라스베이거스 샌즈 창업주도 결국 저승사자의 방문을 피하지 못했다. 2021년 1월 11일 향년 88세로 눈을 감았다. 미국 라스베이거스 샌즈그룹은 이날 성명을 내고 "애덜슨 회장이 비호지킨 림프종 치료 중 합병증으로 사망했다"고 밝혔다.

지난 2018년에는 북한에서 카지노 사업을 해 보고 싶다는 뜻을 밝히기도 했다. 김정은 북한 국무위원장이 2018년 6·12 싱가포르 미·북 정상회담을 하루 앞두고 11일 야경 투어 때 찾은 마리나베이 샌즈 호텔이 아델슨 회장의 소유다.

트럼프 대통령의 장남인 트럼프 주니어는 애덜슨 회장 별세 소식이 전해지자 "그는 미국의 진정한 애국자였고 거인이었다. 그로 인해 미국과 이스라엘의 관계는 더욱 단단해졌다"며 추모 트윗을 올렸다.

포커 전설 '케빈 송'

- 27차례 세계 포커 챔피언 석권 / 프로 포커 선수로 세계를 평정한 최고의 승부사

포커 게임은 최고의 두뇌스포츠다.

미국 등에서는 포커 게임이 미식축구, 프로야구와 함께 최고의 인기 스포츠로 자리 잡은 지 오래다.

미국의 스포츠전문 방송인 ESPN의 시청률 기준으로 보면 '월드 포커 챔피언십'은 미식축구에 이어 2위를 차지하고 있을 정도로 가장 인기가 높은 스포츠다.

특히 프로포커 선수들은 학습과 전략 연구를 통한 실력, 뛰어난 마인드 관리를 동반해야 장기적으로 수익을 낼 수 있기 때문에 포커 게임은 두뇌스포츠이면서 일반인들에게는 선망의 직업이다.

미국에서 활동하고 있는 한국출신 최초의 프로 포커 선수 '케빈 송'은 세계 포커 챔피언을 무려 27차례나 차지한 최고의 승부사로 꼽힌다.

이 때문에 포커계에서는 그에게 살아 있는 전설이라고 표현한다.

냉엄한 프로 포커 세계에서 30년 넘게 포커를 통해 아메리칸 드림을 이룬 그의 인생은 한 편의 드라마 그 자체다.

미국인들이 가장 좋아하고 자부심을 느끼는 포커 판에서 영어도 서투르고 피부색도 다른 코리언이 챔피언의 자리에 오르기까지 그는 셀 수 없을 정도의 숱한 좌절과 실패를 경험했다.

포커를 말하는데 중국의 '작은 거인'으로 '개혁개방'의 기수로 알려진 등소평과 '도박과 환락의 도시' 미국 라스베이거스의 기초를 놓았던 루즈벨트 대통령을 빼놓을 수 없다. 미국 유일의 3선 대통령인 루즈벨트는 경제공항 극복을 위해 후버댐 프로젝트, 라스베이거스의 카지노 합법화 등을 승인하였다.

등소평은 자신의 3대 장수 비결 가운데 하나로 포커 게임을 꼽았고 루즈벨트는 정치인이 되기 전 워싱턴주 포커 챔피언을 지낼 정도의 실력을 가진 포커 선수 출신이었다.

이처럼 미국과 유럽은 물론 중국에서도 2015년 포커를 프로 선수로 인정하고 있으나 아시아에서 대한민국만 유일하게 포커가 스포츠 종목이 아닌 국가로 남아 있다. 포커를 도박으로 인식하고 있는 유일한 국가가 대한민국이다.

1981년 단돈 100달러를 들고 미국에 도착한 케빈 송은 10년 넘게 나이트클럽 DJ와 공사 현장의 막노동을 거쳐 워크맨 세일즈, 부동산 브로커, 자동차 딜러 등 밑바닥 생활부터 무수히 많은 직업을 전전하였다.

막다른 골목에서 사실상 전 재산에 해당하는 1000달러를 들고 우연히 포커에 뛰어든 그는 2일 밤낮 동안 8000달러를 승리하면서 인생 역전의 발판을 마련했다.

이처럼 우연하게 시작한 포커 게임은 그의 인생을 송두리째 바꿔 놓았으며 그는 포커인생을 운명이라고 믿고 있다. 어떻게 생각해보면 그의 드라마 같은 포커인생은 초창기 미국 생활 10여 년간 숱하게 망가진 실패와 좌절이라는 자양분이 있었기에 가능했다는 판단이다.

지금이야 라스베이거스를 안방 드나들 듯 1년에 수십일 이상 숙식을 하고 있지만 케빈 송이 미국 생활 9개월 만에 라스베이거스를 처음 방문하고는 벌린 입을 다물지 못하였다.

그는 라스베이거스 첫 방문에 대해 다음과 같이 표현하였다.

"1982년 7월 나는 처음으로 라스베이거스를 향해 떠났다. 프로레슬링 선수 김일 씨의 아들과 그의 여자 친구가 동행한 자리였다. 밤늦게 라스베이거스에 도착한 나는 눈을 의심하지 않을 수 없었다. 말로만 듣던 라스베이거스! 그야말로 휘황찬란하였다. 건물 전체가 네온사인에 휩싸여 있어 정신이 혼미할 지경이었다. 가슴이 벅차오르면서 두근거렸다. 누구라도 라스베이거스에 처음 왔다면 그랬을 것이다. 우리는 MGM그랜드 호텔에 들어섰다. 웅장한 호텔에 또 한 번 놀랐다."

세계 포커 챔피언 케빈 송

포커대회 참가를 위해 연간 수십 차례 비행기를 이용하는 케빈 송은 대한항공과 아시아나 항공 등 국적기는 물론 웬만한 대형 항공사의 VIP고객으로 항공마일리지가 프리미엄 수준이다.

8남매의 막내로 태어났던 케빈 송은 한국에서 태어난 대부분의 막내아들처럼 부모의 사랑을 독차지 한 탓에 부모님 의존도가 높고 독립심은 매우 낮았다.

군에서 제대한 케빈 송은 1981년 11월 아메리칸 드림을 꿈꾸며 미국 LA로 향했다.

미국 LA에 도착했으나 그곳에서 나름 성공한 삶을 살던 형과 누나의 도움은커녕 차가운 냉대를 뒤로 하고 스스로 일어서기에 나섰으나 현실은 냉혹하였다.

초창기 그의 미국 생활은 비참함 그 자체였다.

〈나는 홀로 서기를 결심하였다. 마침 한국에서 어릴 적 친구가 미국에 왔다. 나는 그를 누나 집으로 데려 와서 하루 밤 자고 친구랑 따로 살겠다고 말했다. 나는 은근히 누나가 얼마간의 도움을 줄 것으로 기대했다. 가발 가게를 운영하는 누나는 제법 큰 집에 잘 살고 있었기 때문이었다. 그러나 착각이었고 누나는 차가웠다.

나는 아무 연고 없이 미국에 온 친구가 돈을 조금 가져왔기에 LA 한인 타운에 방을 얻어 독립하였다. 현지 한국 신문을 하루 종일 뒤적이며 직장을 구하려 했으나 영어도 안 되고 영주권도 없던 상황에서는 변변한 일자리가 없었다. 결국 나는 막노동판에 뛰어 들었다. 전기기술자의 보조공으로 화재로 소실된 4층 건물 보수 공사장에서 일을 시작했다. 지상에서 1층과 4층까지 쇠파이프 1개를 들고 올라갔다 내려오다 보니 흑인과 멕시칸들은 3개를 어깨에 올려놓고 올라오고 있는 것이 아닌가! 나도 3개를 어깨에 올렸다. 다리가 휘청거리고 힘들었지만 이를 악물었다. 어깨에 피멍이 들어서 몹시 아팠다. 나중에 알고 보니 흑인과 멕시칸은 어깨에 큰 타월을 놓고 어깨를 보호하면서 운반하고 있었다.

그리고 금요일 첫 주급을 받았다. 나는 첫 봉급 봉투를 받아 들고 집에 와서 샤워를 하고 기쁜 마음으로 봉투를 열어 보았다. 내가 하루 일당 25불에 채용되었고 5일 일했으니 봉투에 당연히 125달러가 들어 있어야 했다. 그런데 아무리 세어 봐도 100달러만 들어 있었다. 뭐가 잘못되었나 하고 생각했다. 나는 돈 받을 당시에 세어 보지 않은 것을 후회했다. 토요일과 일요일 내내 그 생각만 하다가 월요일 아침 전기기술자에게 돈이 봉투에 잘못 들어가 있었다고 더듬거리면서 말했다. 그랬더니 그 전기기술자는 나를 쳐다보면서 일을 하려면 하고 아니면 그만 두라는 것이 아닌가?

그가 실수한 것이 아니라 내 주급을 5달러씩 떼어 먹은 것이었다. 영주권이 없으면 일할 수 없었다. 영주권이 없기 때문에 안 그래도 적은 주급의 일부를 떼어 먹히는 사람들이 나 이외에도 부지기수라는 것을 알게 되었다. 분한 마음에 그 전기 기술자를 두들겨 패 주고 싶은 생각이 굴뚝같았지만 참았다.

그러던 중 영화의 한 장면 같은 일이 벌어졌다. 어느 날 4층에 전기 배관 일을 하고 있던 도중에 머리를 들어 잠깐 아래층을 보게 되었다. 하얀색 양복을 입은 사람이 아래층에는 커다란 벤츠 승용차에서 내려 공사 중인 건물로 들어왔다. 불 난 건물에 웬 하얀색 양복 신사인가 하며 의아하게 생각하고 있는데 곧 내가 일하고 있는 그 4층에 그 하얀 양복을 입은 신사와 그 뒤에 공사 책임자를 비롯한 여러 사람들이 굽실거리며 따라왔다.

무심결에 그들을 쳐다본 나는 소스라치게 놀랐다. 그 하얀 양복을 입은 신사가 바로 나의 작은 형이 아닌가! 작은 형도 놀랐는지 나를 보고는 말을 못하다가 "너 사람 됐구나"라는 말을 남기고 그대로 지나쳐 갔다. 나는 내 귀를 의심했다. 아니 사람이 됐다니 언제는 내가 사람이 아니었단 말인가. 작은 형과 나는 중학교 3학년 때 헤어져 거의 10년 만에 공항에서 만나 몇 달 전 3일가량 같이 있었을 뿐인데.

  망연히 서 있던 내게 주급을 떼어 먹던 그 전기기술자가 다가와 물었다. 아는 사람이냐고? 나는 무심코 형이라고 대답했다. 그랬더니 친형은 아니지 하고 묻기에 나는 친형이라고 대답했다.

  그 주 금요일이었다. 그 날 주급을 받아 들었는데 이상하게 봉투가 두툼했다. 열어 보니 거금 300달러가 들어 있었다. 알고 보니 작은 형은 건설업자였는데 그 건물 건축 총책임자였고 전기기술자 등은 하청업자였다. 눈치 빠른 그 전기기술자는 항렬에 따라 지어진 형과 나의 이름을 발음해 보고는 나의 높은(?) 신분을 알게 되자 내 주급을 올려 주었던 것이다.

  어느 날 나는 점심시간에 큰마음을 먹고 한국 식당엘 갔다. 한창 나이에 매일 햄버거 점심이 너무나 지겨웠다. 그런데 식당 종업원이 나를 보더니 주방 쪽으로 가서 남자 주방장을 불러 왔다. 어떻게 왔느냐고 묻기에 식당에 밥 먹으러 왔지 왜 왔겠느냐고 반문했다. 그랬더니 그 주방장은 내가 너무 더러워서 식당에 들일 수가 없다는 것이었다.

그때 나는 내 몰골을 내려다보았다. 나의 몰골은 거지 차림새 비슷했던 것이다. 불이 난 건물 공사판의 잡부였으니 오죽했을까? 나는 식당 안의 사람들이 온통 나와 주방장을 쳐다보고 있음을 느끼고 얼른 돌아 나왔다. 켄터키 프라이 치킨을 사서 길 모퉁이에 앉아 먹으면서 미국에 와서 처음으로 펑펑 울었다. 음식 위로 비가 오듯 눈물이 떨어져 내렸다. 그리고 어머니를 생각했다. 어머니가 지금의 내 모습을 보면 얼마나 슬퍼하실까? 27년이 지난 지금도 그 때를 회상하다가 어느덧 내 눈은 눈물을 흘리고 있지 않은가.〉

이후 그는 친구와 헤어진 뒤 나이트클럽 DJ로 새로운 출발을 하였고 3개월 넘는 DJ생활로 번 1000달러를 자본금으로 워크맨(AM, FM 겸용 라디오)을 판매하는 세일즈맨이 되었다. 미국 동서부의 시골 지역을 다니는 워크맨 세일즈도 승승장구하다가 이스라엘 상술에 무너졌다.

이번에는 하와이에 사는 선배의 연락을 받고 하와이로 건너가 DJ로 새롭게 출발했다가 호스트(남자 기생) 요구에 이어 일본 야쿠자와 충돌을 빚는 바람에 3개월 후 LA로 돌아와야 했다.

하와이에서 번 돈으로 그는 중고차를 산 뒤 미국의 중심인 뉴욕에서 아메리칸 드림을 이루기로 결심하고 6일에 걸쳐 잠은 차안에서 해결하고 식사를 햄버거로 때우며 도착하였다.

〈뉴욕에 도착한 첫날부터 내가 잘못 왔구나 생각되었다. 처음 느낀 뉴욕의 맨해튼은 매우 지저분했다. 화장실을 가려고 해도 주유소, 맥도날드 햄버거조차 화장실을 잠가 놓고 일반인들은 못 쓰게 하였다. 알고 보니 거리에 부랑자가 많고 이들이 화장실을 지저분하게 쓰기 때문에 손님에게도 키를 줄 수 없다는 것이어서 정말 어처구니가 없었다. 할 수 없어 다른 고급 식당에 가서 눈치를 보며 화장실만 이용하고 나왔다.

돈도 아는 사람도 없는 이곳에서 어떻게 발을 붙여야 할지 이제는 너무도 막막했다. LA로 돌아가고 싶었지만 돌아갈 기름값도 없었다. 나는 한국 사람들이 많이 모여 사는 곳이 어디냐고 물어물어 플러싱이라는 동네를 찾아 갔다. 다시 천신만고 끝에 플러싱 어느 집 지하실에 숙소를 얻었다.

나는 신문의 구인란에서 한미식품 뉴욕 지사가 트럭 운전수를 구한다는 광고를 보고 가방 속에서 곰팡이가 먹은 양복을 찾아 입고는 인터뷰에 갔다. 지점장의 부인이 나를 보더니 트럭 운전수가 웬 양복을 입고 왔냐면서 소리 내며 웃었다. 영어를 조금 한다고 했더니 아무리 봐도 트럭 운전수를 할 사람은 아닌 것 같으니 그 대신 사무실에서 사무를 보라는 것이었다. 보수도 제법 괜찮은 조건이었다.

월요일 아침, 출근을 약속하고 돌아오는 길에 《뉴욕 타임즈》를 샀다. 미국에 와서 가끔 영어 공부를 위해 미국 신문을 사서 영어 사전을 찾아 가며 읽곤 했던 것이다. 그런데 그날 《뉴욕 타임즈》에 나의 눈에 번쩍 뜨이는 글이 들어왔다. 만약 당신이 백만장자가 되려면 첫째 부동산을 알아야 하며 둘째가 증권, 셋째가 보험을 알아야 한다고 씌어 있었다. 그리고 그 밑에 부동산 회사에서 사람을 구한다는 광고가 있었다.

흥미가 바싹 당긴 나는 밑져야 본전이다 싶어 그 부동산 회사를 찾아 갔다. 브로커가 유태인이었는데 그 브로커는 나를 인터뷰하면서 한 가지 질문을 던졌다. 어떻게 하면 부동산 회사에서 돈을 벌 수 있겠느냐는 것이었다. 나는 열심히 하면 된다고 했다. 그 대답이 마음에 들었는지 그는 오케이하면서 마침 약속이 있어서 나가니 내일부터 출근하라고 했다. 그가 만일 나를 오랫동안 인터뷰를 했다면 나의 빈약한 영어 실력이 들통이 났을 것이고 나를 고용하려 하지 않았을 텐데 하는 생각이 들었다.

목요일 아침 부동산 회사에 출근했다. 직원들의 수가 40여 명 정도의 비교적 큰 회사였다. 유태인 브로커는 나에게 친절했다. 나는 팔아야 수입이 생기는 커미션 제도에 부담을 느끼고 당장 기초 생활비가 필요하다고 했더니 그 브로커는 열심이만 하면 자기가 도와주겠노라고 했다. 나는 나에게 호의를 베풀어 직장을 준 한미식품에 전화를 걸어 양해를 구했다. 고맙게도 언제라도 마음이 바뀌면 오라고 했다. 나의 뉴욕 생활은 그렇게 시작되었다.

　나는 최선을 다하리라 마음을 먹고 회사에 출근했다. 내 책상 앞에는 40명 직원의 실적표가 막대그래프 형식으로 그려져 있었다. 내 이름은 마지막으로 올려 있었다. 나의 일과는 부동산 책을 들여다보는 것이 전부였다. 다행이 한국 직원 한 분 계셨는데 이대 음대 출신의 소프라노 가수였던 김석순 선생님이었다. 나이가 육십이 넘어감에도 불구하고 에너지가 넘치는 분이셨다. 김 선생님께서는 내게 점심도 자주 사 주면서 여러 가지 조언을 아끼지 않으셨다.

　나는 회사에서건 집에서건 부동산 면허 준비에 거의 3개월을 소비하여 간신히 면허를 획득했다. 그러나 일을 할 수가 없었다. 회사의 모든 전화를 받는 중국인 리셉셔너가 내게는 손님을 바꿔 주지 않았기 때문이었다. 내가 영어에 너무 서투르다는 것이 이유였다. 퇴근 시간 오후 6시 이후 딱히 갈 곳이 없던 나는 모두가 퇴근한 회사에 남아 멍하니 창밖을 바라보는 것이 일이었다.

　그러던 어느 날 조용해진 사무실에 전화벨이 울렸다. 내가 영어를 떠듬거리자 상대는 전화를 끊어 버렸다. 심한 낭패감이 가슴을 쓸어내렸다. 그 날 오후 6시부터 9시까지 앉아 있으면서 모두 3통의 전화를 받았으나 더듬거리는 영어를 듣고는 모두 그런 식으로 전화를 끊어 버렸던 것이다.

세계 포커대회에서 베팅하고 있는 케빈 송

이대로 주저앉을 수는 없었다. 나는 비장한 각오를 했다. 김 선생이 가르쳐 준 대로 차를 타면 토크쇼를 듣고 집에 가면 미국 TV만 보았다. 나는 출근 시간이 오전 9시까지임에도 불구하고 7시에 출근을 했고 모두가 퇴근하는 저녁 6시에 이후에도 9시까지 회사에 남아 있었다.

그러자 나에게도 손님이 생기기 시작했다. 비록 실수가 많았지만 말이다. 경험이 없는 나는 손님이 원하는 집이 정확히 어떤 것인지 짚어 내지를 못하였다. 브라질에서 미국으로 오신 백 선생님이란 분이 있었다. 브로커가 내준 신문 광고를 보고 전화를 하셔서 만나게 되었는데 내가 자꾸 엉뚱한 집만 보여주자 그 분은 내가 초보자인 줄 대번에 알고는 오히려 나를 데리고 좋은 동네로 가서 자신이 원하는 집은 이러 이러한 집이라고 5채의 집을 지적해 주셨다.

나는 그 다음 날 백 선생님이 지적해 주신 집을 차례로 노크했다. 처음 노크한 집에서는 덩치 큰 개가 입을 벌리고 덤벼 들었다. 가방으로 간신히 개 입을 막고 도망을 쳤다. 일단 물러섰다가 그 집부터 다시 시작하여 백 선생님이 지적해 준 집들을 차례로 노크해 가면서 혹시 집을 팔 의사가 없는가를 확인해 나갔다. 혹시 집을 팔 의사가 없는가 물어보자 집주인들은 다들 황당하다는 반응을 보였다.

그러던 중 5번째 집을 노크했을 때였다. 그 집은 독일인 부부가 살고 있었는데 마침 독일로 발령을 받아 집을 매각하려고 부동산에 내놓으려 했다는 것이 아닌가! 나는 그 자리에서 백 선생께 전화를 걸자 백 선생이 달려오셨다. 백 선생은 자신이 사고 싶은 집을 찾아 주었으니 무슨 말이 더 필요하겠느냐며 자신이 유창한 영어로 독일인 집주인과 협상을 하면서 그 자리에서 계약서에 서명까지 하였다. 이렇게 해서 나는 나의 첫 번째 집을 팔았고 파는 부동산 리스팅 부동산도 없어서 혼자서 거래 금액의 6%에 해당하는 1만 8000달러의 커미션을 받았다.

나는 갑자기 부자가 된 기분이 들었다. 당시 1만 8000달러는 나에게 너무도 큰돈이었다. 눈이 번쩍 뜨인 나는 뛰고 또 뛰었다.

다운타운에 야채 가게를 운영하는 분이 있었다. 이 분은 24시간 문을 여는 가게에서 부인과 함께 교대로 열심히 일을 하셨는데 돈이 모여서 집을 사려고 해도 시간이 없어 집을 볼 수가 없었다. 그 야채 가게 주인은 마침 크리스마스에 부모님을 만나러 온 자식들에게 가게를 맡겨 놓고는 집을 보러 가겠다며 회사로 왔다. 나는 미국인이 사는 집에 전화를 걸어 크리스마스이브라 대단히 죄송한 줄은 알지만 집을 좀 보여 줄 수 없겠느냐고 물었다.

그 미국 여자는 무슨 장난질이냐며 지금 집에 손님이 많이 와서 집을 보여줄 수 없다며 화를 내면서 전화를 끊었다. 나는 잠시 생각을 하다가 다시 그 집에 전화를 걸었다. "미안하다는 말과 함께 우리가 당신 손님인 척 하면서 당신 집에 가서 잠시만 둘러 보고 나오면 어떻겠느냐"고 간곡히 부탁을 했더니 내키지 않아 하면서도 허락을 하였다. 결국 난 그 집도 팔았다.

난 열심히 일했고 승승장구했다. 차도 캐딜락으로 바꾸고 집도 멋진 아파트로 이사했다. 어느 백인 할아버지가 있었다. 그분은 집을 팔려고 했는데 집에 가 보니 이미 브로커들의 명함이 수십 개가 놓여 있었고 멋진 양복에 말쑥하게 차려 입은 백인 브로커가 열심히 노인을 설득하고 있었다.

그 다음은 내 차례였다. 나는 마음속으로 외워 간 영어 대사를 늘어놓았다. 지금 이 근처에는 한국인, 중국인을 비롯한 동양인들이 많이 이사 오고 있으니 한국인인 나에게 집을 팔 권리를 주면 반드시 성사시키겠노라고 설득하였다. 그리고 만약 동양인이 아닌 미국인이 사면 커미션을 받지 않겠다는 파격 제안까지 했다.

그 백인 노인은 그러한 나에게서 무엇을 느꼈는지 흔쾌히 나에게 집 팔 권리를 주었다. 나는 그 집을 현지 한국 신문에 광고를 하는 등 적극적인 마케팅 전략을 펼친 끝에 결국 한국인에게 팔았다. 그 백인 노인은 집을 팔고 난 뒤 왜 자신이 나에게 집 팔 권리를 사인하여 주었는지 아느냐고 물었다. 사실 나도 궁금해하던 부분이었다. 백인 노인은 "너는 적어도 나를 속이지는 않을 사람으로 보였다"는 것이었다. 그 후 동네의 유지였던 그 백인은 나에게 수많은 친구들을 소개해 주었고 나는 더 많은 수익을 올렸으며 항상 성실하게 일했다.

회사에 입사한 지 1년이 지나자 벽이 게시판에 붙어 있는 나의 실적 그래프는 막대그래프의 최고 한도를 지나 두 줄로 올라갔다. 이처럼 실적을 표시하는 막대그래프가 두 줄로 올라간 것은 그 부동산 회사에서 처음 있는 일이라고 했다. 나는 40여 명의 세일즈맨 중에서 최고의 실적을 올리고 있었던 것이다.〉

그러나 인생은 '호사다마'라고 했던가. 부동산 회사에서 최고의 실적에 유일하게 부동산 브로커 시험에 최초로 합격했다가 회사와 마찰이 생겨 퇴사했고 곧장 부동산 회사를 차렸다가 부도가 나면서 다시 무일푼이 된 것이다.

　미국 생활 7년 만에 빈손이 된 그에게 어릴 적 친구가 LA에서 함께 생활하자며 연락이 왔다. 다시 시작한 LA생활은 그에게 포커와 만나는 운명을 제공하였다.

　어릴 적 친구를 만났지만 페인트 공으로 생활하던 친구는 무위도식하던 케빈 회장을 떠났고 직업이 없었던 탓에 월세가 밀려 나갔다.

　당시 미국생활에서 가장 어려웠던 상황을 케빈 송은 다음과 같이 회고하였다.

　〈뉴욕에서 모든 것을 잃고 빈털터리가 된 상황에서 가장 친했던 친구마저도 나를 버린 것이었다. 나는 더욱 깊은 절망감에 빠졌다. 마치 이 세상 모든 것이 나를 버린 것 같았다. 내가 의지할 수 있는 곳이 아무도 없는 상황이라는 느낌이었다. 조그만 TV도 친구가 가져가 버리고 나는 방구석에 처박혀 하루 종일 창밖을 내다보는 것이 일과였다. 그 때 나는 처음으로 죽음을 생각해 보았다.

　그러던 어느 날 나는 아직 조금 남아 있던 쌀로 밥을 했다. 냉장고에는 먹다 남은 고추장이 전부였다. 날씨가 더워 방문을 조금 열어두었는데 아파트 주인 할머니가 문을 열고 들어오셨다. 그 때 니는

3개월째 월세를 내지 않고 있어서 주인 할머니에게 얼굴을 들 수가 없었다. 그 할머니는 맨 밥에 고추장으로 밥 먹던 나를 보시더니 내 등을 치시면서 가슴 아파하셨다.

그리고 몇 시간 후 할머니는 라면 한 상자. 밑반찬 등을 나의 방에 들여 놓았다. 나는 또 고개를 들지 못했다. 그 날 저녁 우연히 문 밖을 나서다가 주인 할머니가 아들하고 말다툼하는 소리를 듣게 되었다. 아파트의 진짜 주인은 아들이었다. 아들은 내가 3개월째 월세를 안 내고 있는지 몰랐던 것 같았다. 그 동안 할머니께서는 자신의 돈으로 아들에게 방 값을 대신 내 주신 것이었다. 아들은 자기 어머니를 호되게 나무랐고 당장 나를 내쫓으라며 화를 냈다. 할머니는 조금만 더 참자고 아들에게 통사정을 하고 있었다.

마음이 급했다. 이대로 살 수는 없었다. 다음날 아침. 나는 구인 광고를 들고 여기 저기 돌아다닌 끝에 스텔리온 모기지 뱅크라는 부동산 금융 회사에 취직하였다. 여기 저기 지점이 있는 제법 큰 규모의 부동산 금융 회사였다. 모두 여섯 사람이 채용되었는데 뉴욕에서 받은 내 부동산 브로커 면허를 회사가 인정을 해 주었다. 4주간의 교육 기간을 나는 부동산 중개 및 융자에 대한 실무 경험 덕분에 미국에서 대학을 나온 다른 신입 직원들보다 훨씬 좋은 성적으로 수료하였다. 교육 후 나는 LA에서 30분 거리인 하시엔다 하이츠 지점으로 발령받아 부동산 융자 담당 직원으로서 출근했다.

운명으로 다가온 포커 판

그러던 어느 날 나의 인생을 바꿔 놓은 일이 일어났다. 회사 퇴근 후 회사 직원과 함께 우리 아파트에서 자고 출근해 보니 내 자동차가 없어진 것이었다. 도둑이 내 차를 훔쳐 간 것이었다.

나는 당황했다. 당장 손님과 약속이 있는데 차가 없이는 아무 것도 할 수 없었다. 미국에서 특히 세일즈맨에게 자동차는 곧 발을 의미하는데. 내 자동차는 상대방 보험만 있어서 자동차를 도난당했음에도 나는 한 푼도 보험회사로부터 보상을 받지 못하였다. 나에게는 자동차를 살 돈이 없었다.

오후 3시에 손님과 부동산 은행 융자 상담이 있었다. 당시 나는 부동산을 구입한 손님에게 융자를 해 주는 일을 하여 융자 금액의 1~2%를 커미션으로 받았기에 융자 상담은 내 수입과 직결되는 중요한 약속이었다. 약속 시간을 앞두고 나는 안절부절못했다. 나는 융자 상담을 포기하고 손님에게 전화를 걸어 약속을 취소하고 회사를 나섰다. 차가 없으니 LA 아파트로 가려면 버스를 타야 하는데 어디서 어떤 버스를 타야 하는지도 몰랐다. 미국에서는 버스가 일반 교통수단이 아니었다. 운전을 할 수 없는 노인이나 차가 없는 극빈자 같은 소수만이 이용하기에 한국처럼 아무 시간대에 버스가 자주 다니지 않았고 정류장도 아주 멀리 떨어져 있었다.

물어물어 LA로 가는 버스가 있다는 정류장을 20분 이상 걸어가서 버스를 두 시간이나 기다렸으나 버스는 오지 않았다. 할 수 없어 거의 오후 6시가 되어 다시 회사로 걸어서 돌아왔더니 직원 한 사람이 고맙게 집에 데려다 주었다.

집으로 돌아간 나는 밤새 고민에 빠졌으나 도무지 길이 보이지 않았다. 작은 형이나 누나 또는 회사 직원에게 돈을 빌리는 일은 가능해 보이지 않았고 돈을 빌리는 일은 죽기보다 싫었다. 아침이 되어서도 차가 없어 회사에 출근할 수 없었던 나는 중대한 결심을 하였다. 어차피 이판사판이다. 지난달 회사에서 받은 월급 중 은행에 1200달러가 남아 있었는데 그 중 1000달러를 인출하여 택시를 타고 LA 인근 카드 클럽으로 향했다.

나의 포커 실력은 기초 수준을 벗어나지 못하는데…… 망설이고 또 망설였다. 만약 당시 나의 전 재산이나 다름없는 1000달러 모두를 잃어버린다면 어떻게 할 것인가? 수 없이 질문해 본들 답이 있을 리 없었다. 나는 구차한 얼굴로 누구에게든 차를 살 돈을 구걸하기보다 잘못되면 벼랑 끝에 설망정 나 자신의 선택에 후회는 않겠다는 것이 내가 내린 마지막 결론이었다.

그런데 막상 포커 판에 앉자 과연 이길까 질까 하는 생각은 사라졌고 오히려 마음은 가라앉았다. 나는 그냥 아무 생각 없이 포커에 열중했다. 그 날은 내가 억세게 운이 좋았던 것일까? 나는 48시간 동안 자그마치 8000달러를 벌었던 것이다. 돌아오는 택시 안에서 두툼해진 바지 주머니의 달러가 믿어지지 않았다. 집에 와서 주머니의 100달러 뭉치를 꺼내 들고 침대 위에다 한 장씩 한 장씩 지폐를 나열해 보았더니 거의 침대의 반이 온통 100달러짜리 지폐로 덮여 가히 환상적인 모습을 연출하고 있었다. 잠시 동안 황홀경에 빠져 넋을 잃고 그 모습을 바라보았다. 그리고 이틀 동안이나 포커 판에서 밤을 지새웠고 또 그 전날도 고심하느라고 잠을 못 이룬 까닭에 거의 3일 밤을 꼬박 새운 나는 이내 지쳐 쓰러졌다. 나는 지금도 그 날의 일을 운명이라고 생각한다.

다음 날 나는 3000달러짜리 올스모빌 중고차를 사서 다시 회사에 출근했다. 살기 위해 포커 판에 뛰어들었던 나는 그날 이후 또 다른 인생을 살게 되었다. 그 날을 계기로 토요일과 일요일은 포커 판에서 살았다. 포커 판에 앉아 있노라면 차라리 마음이 평온해졌다. 게임에 열중하였기 때문에 나를 고통스럽게 만들던 많은 상념들을 잊을 수 있었다.

포커 판에 다니면서 갑자기 내 생활은 바쁘고 활기차기 시작하였다. 주중에는 회사 일을 하고 주말에는 포커 판에서 수입을 올리고. 그렇다고 회사 일에 소홀히 한 것은 절대 아니었다. 내 자동차가 비록 소형이었으나 검정색 벤츠로 바뀌었다. 아파트에서는 그 할머니가 아들에게 "거 봐 내가 사람 보는 눈이 다르다고 했지!"라고 큰 소리를 치셨다.

모든 것이 바뀌었고 주위의 소개로 지금의 집사람을 만나 결혼도 했다. 신혼여행 길에서 집사람에게 말했다. "내가 1000달러를 벌어 오면 1000달러 가지고 살고 5000달러를 벌어 오면 5000달러를 가지고 살되 절대 많다 적다 불평불만은 하지 말아 줘. 그 대신 평생 일 안 시키고 집안일만 하게 해 줄게!" 이렇게 약속을 했고 나는 지금까지 이 약속을 지키고 살고 있다. 집사람은 성격이 밝은 사람이어서 미국 온 지 10년 만에 처음으로 행복을 느끼며 살게 되었다. 집사람의 청에 따라 나는 주말 내내 하던 포커를 토요일 하루로 한정하였다. 집사람이 자기를 주말 과부로 만들지 말아 달라는 부탁을 하였기 때문이다. 그 대신 일요일에는 가톨릭 신자인 집사람을 따라 성당에 다니게 되었다.〉

1994년 프로에 데뷔한 이후부터 두각을 나타내기 시작한 뒤 1997년 세계 포커대회에서 처음으로 우승하면서 포커계에 혜성처럼 등장한다.

케빈 송은 "프로 포커는 승리하지 못하면 패자가 되는 승자독식의 구조다. 냉혹한 승부 세계에서 승리하기 위해서는 매일 일지를 작성하면서 상대 선수들의 장점과 단점을 분석하고 승부처를 결정짓는 빠른 판단력을 발휘해야 한다. 프로선수는 상대의 카드를 읽을 줄 아는 뛰어난 분석력도 필요하지만 장시간 승부를 진행하는 데 강인한 정신력도 필수다. 아울러 하루 10여 시간 상대 선수들과 긴장을 하면서 승부를 펼치려면 체력 관리도 매우 중요하다. 1개월 이상 진행되는 시합에서 승리하려면 이처럼 강인한 체력과 정신력 및 분석력이 탁월해야 한다."라고 말했다.

프로 포커 선수로 등록한 뒤 그는 수십만 명에 달하는 프로 선수 중에서 생존을 위해 많은 연구와 고민을 했다.

케빈 송은 포커 판에서 생존하기 위해 나름의 생존전략을 연구했다.

"나는 포커로 살아남아야 했기에 포커에 대한 본격적인 연구를 시작하였다. 우선 일지를 쓰기 시작했다. 포커일지는 이긴 날이든 패한 날이든 승리의 원인과 패인을 분석해야 반면교사가 될 수 있다. 따라서 포커일지의 내용은 날이 갈수록 치밀해졌고 포커를 직업으로 삼고 매일 나오는 선수(갬블러)들의 일거수일투족은 물론 그들의 표정이나 눈동자까지 세밀히 관찰하였다. 포커 판에서 남의 돈을 딴다는 일이 결코 쉽지 않다는 것을 깨달았기 때문이었다. 일지를 쓴다는 것은 매우 단순한 작업처럼 보이지만 매일 기록해 나가는 데에는 정말 인내가 필요하였다."

프로 세계는 밖에서 보는 것과 확연히 달랐다.

그는 포커를 운명이라 생각하고 포커 선수로 생계는 물론 노후생활까지 포커에 인생을 맡기기로 하였다. 당연히 포커 1인자를 꿈꾸었다.

〈포커 판을 직장처럼 다니면서 나는 세계 최고로 인정받는 프로에 대해서 알게 되었다. 그는 스터드(Stud) 게임을 하는 '대니 라빈슨'이라는 백인이었다. 그는 저마다 포커 판에서 진정한 최고 프로로서 인정받는 인물이었다. 세계 최고의 라스베이거스 프로들도 그를 스터드 게임에서는 최고로 꼽는다고 하였다. 나는 그와 함께 게임을 해 보고 싶었다. 그는 비교적 큰 게임을 했기 때문에 자본이 부족한 나는 함께 게임을 하기에는 무리였다.

세계 포커대회에서 우승이 확정된 뒤 환호하는 캐빈 송

어느 날 나는 다소 무리를 해서 그가 앉은 게임에서 스터드 포커를 해 보았다. 나는 그를 유심히 관찰해 보았다. 그는 상당히 여유가 있어 보였고 다른 프로에 비해 움직임이 현란했다. 말솜씨 또한 뛰어나 상대를 부단히 혼란시키고 있었다. 하루에도 5~6 시간씩 그의 플레이를 지켜보았으나 그의 감추어진 핸드는 보기가 아주 어려웠다. 그와 싸우는 다른 사람들이 끝까지 콜을 못하고 중간에 다 폴드(카드를 버리는 것)하기 때문이었다.

그러면 그럴수록 내 마음속은 투지로 불타 올랐다. 나는 그에게서 배우려 하지 않았다. 그를 반드시 이기고 싶었다. 그렇게 3개월이 지나면서 나의 눈에 그는 껍질을 벗고 있었다. 지난 3개월 동안 나의 일지는 모두 대니 라빈슨에 관한 것이었다. 그러는 가운데 나는 새해 들어 다시 2만 달러의 적자에 시달리게 되었다. 나는 집 근처의 산을 오르내리면서 정신을 맑게 하려 노력하였다.

포커 판에 낀 사람들 중 몇 안 되는 한국인들은 다른 프로들의 먹잇감이었다. 나는 그 점을 역이용해야 한다고 다짐하면서 두 주먹을 불끈 쥐었다. 역이용하기 위해서는 큰 게임으로 가야 했다. 게임이 클수록 그들은 나를 깔볼 것이니까.

나는 LA 근교 바이시클 카드 클럽에 가서 탑 섹션(Top Section)에 들어섰다. 탑섹션이란 큰 게임을 하는 장소를 말한다. 나는 얼마 되지 않는 자본금을 가지고 자리에 앉았으나 앉는 순간 나는 마음이 편해짐을 느꼈다. 거의 한 달 이상을 과연 해낼 수 있을까 만약에

지면 어쩌나 하면서 불안해하던 마음은 막상 자리에 앉자 눈 녹듯이 사라져 버리는 것이 아닌가.

내가 가진 자본금을 모두 칩으로 바꿨는데 사람들은 내 앞에 놓인 칩을 보고는 거의 비웃는 표정이었다. 그도 그럴 만한 것이 내가 무명인 데다가 내 칩은 3번 싸울 칩 정도 밖에 안 되었기 때문이었다. 프로 중에는 자기 앞에 칩을 산더미처럼 쌓아 놓고 위세를 부리는 자도 많았다. 그들은 칩이 줄어들면 남몰래 칩을 사서 보충하기도 안다. 상대의 기를 죽이기 위해서이다.

나는 적은 칩으로도 공격적으로 나갔다. 지난 30여 일 동안 산을 오르내리며 정신을 맑게 하려 했던 절치부심이 결코 헛되지 않았던 모양이었다. 그 날 나는 게임을 승리로 이끌며 그들을 화가 나도록 만들었다.

그 날을 시작으로 나의 연승 행진이 시작되었다. 돈을 이기고 있을 때에는 매일 하루도 쉬지 않고 카지노에 가는 나의 법칙에 의해 매일 카지노에 갔었는데 21일 동안 20승 1무라는 대승을 거두게 된 것이다. 지금까지 20여 년간 포커를 했지만 이때처럼 경이적인 연승 기록은 없었다. 이때의 연승으로 지난 1년 반 동안의 6만 달러의 적자는 한 달도 안 되어 흑자로 전환되었다.

나는 1년 4개월 동안 이기고 지면서 나름대로의 철칙을 만들었다. 그 누구라도 매일 게임을 이길 수는 없는 것이다. 내가 이겼을 경우의 돈의 평균과 졌을 경우의 돈의 평균을 계산했다. 이 세상 모든 도박을 잘하기 위한 기본 원리는 지는 흐름에서 단호히 일어서는 것임을 누구나 잘 알고 있다. 그러면 지는 흐름은 언제부터인가? 보통 사람은 그 시기를 판단하기가 어렵다. 나도 보통 사람이므로 정상의 프로가 되어 그런 예지 능력을 발휘할 때까지는 나에게는 자동적인 제어 장치가 필요했다. 백, 이백 달러 게임에서 이겼을 경우의 평균은 3800달러였다. 그렇다면 졌을 때의 평균은 2500달러가 넘어서는 안 된다는 것이 그 당시 나의 돈 관리 비법이었다.

그래서 만약 10번 포커를 해서 5번 지고 5번을 이겼을 경우라도 내가 흑자를 보았다면 여간 다행한 일이 아닌 것이다. 만약 내가 100번 플레이해서 50번을 이기지 못한다면 나의 포커 실력이 부족한 것이다. 포커 게임을 이기고 지는 것은 운에 많이 좌우된다. 그러나 만약 내가 1년 동안 200번을 플레이해서 100번을 이기지 못했다면 그것은 실력이 없는 것이다. 운이란 결코 한 사람에게 머물지 않는다.

나의 돈 관리 비법은 지금까지 나를 지탱해 온 원동력이 되었다. 지금까지 20년간 나와 포커를 해 본 프로들은 대부분 나를 싫어했다. 나의 실력이 뛰어나서가 아니었다. 나는 포커 테이블에서 친구를 만들지 않았다. 일정량의 칩을 잃으면 조용히 일어났다. 프로들은 내 돈은 결코 딸 수 없다는 것을 알았다.

프로 포커 선수 입문

세상에는 많고 많은 직업이 있다. 그 속에서 저마다 각양각색의 삶을 살면서 희로애락을 겪으면서 생로병사의 과정을 거쳐 가는 것이 인간이다. 그리고 누구나 할 것 없이 돈을 버는 일에는 정신 노동이든 육체 노동이든 수고를 해야 한다. 프로 포커 선수로 살아가는 필자의 경우는 보는 사람에 따라 상당히 다른 평가를 내린다.

나의 아내는 언젠가 내게 이런 말을 한 적이 있다. "세상의 직업 중에서 제일 끝내주는 직업이다. 지지만 않는다면……."

나의 철없는 아내는 평생 돈을 벌기 위해 일을 해 본 적이 없다. 그녀는 어느 해 미국에 한 달가량 다니러 왔다가 주위의 소개로 장난삼아 청바지 차림으로 나와 첫 선을 보았다. 11남매의 막내였지만 그 때까지 외로움 속에서 살고 있던 나에게 화사한 웃음을 선사하여 주었다. 우리는 매일 만났으나 한 달이 지나자 그녀는 한국으로 돌아가 버렸다. 나는 한국까지 찾아가 열렬한 구애 끝에 다시 미국으로 데려와 결혼에 골인하였다.

남자는 산전수전 다 겪은 남자가 좋고 여자는 온실 속에서 풍파를 겪지 않은 여자가 좋다고 했던가. 나의 아내는 따뜻한 온실에서 아무 걱정 없이 살아온 외동딸이었다. 그래서인지 매사에 긍정적이며 단순했고 성격이 아주 밝았다. 사실 그녀의 그 밝은 성격이 내가 결혼을 결심하게 된 가장 결정적인 이유였다.

그런데 그처럼 긍정적이고 단순한 성격을 가진 그녀는 "내가 프로 포커 선수가 되면 어떨까?"하는 나의 중요하고도 또 중요한 질문에 단숨에 명쾌하게 "OK"라고 말해 버렸다. 나와 함께 평생을 가야 할 사람이 OK한 것이었다. 그 말을 듣고 나서 나는 프로 포커 선수가 되었다.

그녀의 입장에서 보면 남편이 아침에 출근해서 저녁에 파김치가 되어 퇴근하면서 회사에 매여서 사는 것보다는 24시간 아무 때나 가고 싶으면 가고 말고 싶으면 마는 자유로운 생활을 하는 프로 포커를 하는 것이 더 좋아 보였을 것이다.

프로 포커 선수가 된 이래 나는 신중하게 처신했다. 그 동안 포커 게임에서의 성공은 운이 좋아서였을까? 실력이 좋아서였을까? 나의 포커 실력은 과연 어느 정도일까? 그 동안 LA에 있는 바이시클 카지노에서 시합이 아닌 캐시 게임에서는 상당한 수입을 올렸었다. 그리고 포커에 대해서는 어느 정도의 자신감은 가지고 있었다. 그러나 나의 포커 실력이 캐시 게임이 아닌 포커 시합에서도 통할 수 있겠는지, 세계 대회에 출전해서 세계 최고의 선수들과 겨루어 이길 수 있는 정도인지에 대해서는 스스로도 늘 의문이었다.

프로 포커가 되면서 어쩌면 나의 포커 실력은 우물 안 개구리일지도 모른다고 생각했다. 그러나 다른 한 편으로는 세계 정상에 한 번 도전해 보고 싶은 오기가 솟아올랐다.

포커 캐시 게임(현찰로 승부)을 거리에서 벌어지는 싸움판(Street Fighter)에 비유한다면 포커 시합은 링에서 벌어지는 권투 경기라고 할 수 있다. 캐시 게임은 언제 어디서든지 싸움에 들어갈 수 있고 상대방도 일회성이며 게임에 참가하고 떠나는 것은 자기 자신의 컨트롤에 있다. 반면 포커 시합은 보통의 경우 수백 명이 일정액의 칩을 가지고 단 한 사람의 승자만이 남을 때까지 싸워야 하는 일종의 서바이벌 게임이다. 어느 쪽이 더 어려운가 하고 묻는다면 대답은 쉽지 않다. 왜냐하면 캐시 게임에서 승승장구를 하는 프로 중에 포커 시합에서는 몇 년 동안 단 한 번도 우승을 못한 프로가 있는가 하면 시합에서 여러 번 우승을 한 실력자라도 캐시 게임에서는 힘을 못 쓰는 경우가 허다하기 때문이다. 그래서 캐시 게임과 시합은 전혀 다른 패턴의 게임이라는 이야기를 한다.

나의 경우 캐시 게임에 주력하여 왔던 만큼 포커 시합에 대한 준비는 전혀 하지 못했다. 아니 하지 않았다는 것이 옳을 것이다. 포커 시합에 출전하기로 마음을 굳히면서 포커 시합의 생리에 대한 경험을 쌓아야 한다고 생각했다. 그래서 1994년 들어서면서 내가 자주 다니던 바이시클 카지노에서 주최하는 300달러짜리 시합에 경험 삼아 3~4번 출전하면서 시합에서의 나의 우승 확률을 계산해 보았다. 200명이 출전하는데 나의 우승 확률은 200분의 1인가? 만약 그렇다면 정말 의미 없는 시합이다. 그런 낮은 승률로 어떻게 돈을 벌 수가 있단 말인가.

포커 시합은 200명이 싸워서 1명의 우승자가 남을 때까지 계속되었다. 그 당시에는 참가자가 100명 이하일 경우 9명에게만 상금이 주어지고 100명 이상일 경우 18명에게 상금이 주어지며 200명 이상일 경우에는 몇 명이 나오든지 27명에게까지만 상금이 주어진다. 그러나 어떤 시합이든 1등, 2등, 3등을 세 사람을 제외한 상금은 몇 푼 되지 않았다. 그리고 1등 상금의 1/2이 2등의 상금이고 2등 상금의 1/2이 3등의 상금이기 때문에 1등과 3등의 상금 차이는 비교가 되지 않았다. 결국 1등을 해야만 만족스런 상금을 받을 수가 있는 것이었다.

포커 시합에 대한 경험을 기껏 3~4번 그것도 동네 카지노에서 축적한 상태에 불과하였으나 나는 용기를 내어 포커 시합에 도전장을 내밀었다. 우선 결론을 이야기 하면 나는 1994년 8월 6일 LA 소재 바이시클 카드 클럽에서 개최된 1/2 리밋 홀덤(Limit Hold'em) 7 카드 스터드(Stud) 500달러짜리 시합에서 모두 111명이 출전한 가운데 당당히 우승하였다. 상금은 500 달러 출전금의 40배가 넘는 2만 2200달러였다. 지금부터 15년 전의 일임에도 불구하고 나의 우승 기록은 www.cardplayer.com에 정확한 날짜와 몇 명이 출전했는지 상금이 얼마였는지 수록되어 있다.

그때 얻은 주요한 경험들로서는 우선 비록 111명이 출전하였으나 내가 110명을 모두 싸워 이기는 것이 아니고 서로 싸우고 승자끼리 또 싸우는 토너먼트 형식이기 때문에 중요한 고비를 3~4번 넘겨야 하기 때문에 우선 인내하는 것이 중요하다는 점이었다. 다음으로 시간마다 오르는 리밋(베팅 액수)에 빠르게 적응하는 것이 필요하다는 점이었다. 적응만 빠르게 할 수 있다면 그런대로 해 볼 만 하다는 것이 나의 느낌이었다.

그리고 무엇보다 중요한 경험으로서는 결승전에 올라 9명이 남게 되었을 때부터 포커 시합은 그 때까지 해 왔던 플레이와는 전혀 다른 양상을 띠게 된다는 점이었다. 9명이 남아 1명이 탈락하면 8명, 거기에서 1명이 탈락하면 7명, 또 1명이 탈락하면 6명이 남게 되는데 그럴수록 포커 시합의 속도는 가속도를 내고 급속도로 빨라지게 된다.

포커 시합이 급속도로 빨라지면 그 때까지 생존해 있는 선수들이 제 아무리 고수라고 하더라도 약간씩 흔들리게 된다. 그도 그럴 만한 것이 첫째는 등수마다 기하급수적으로 상금이 달라지고 둘째는 항상 9명이 플레이하는 속도에 익숙해져 있던 프로들이 숫자가 줄어들어 플레이가 빨라지면 자기 자신의 리듬을 잃게 되기 쉬우며 셋째 결승전에서는 리밋(베팅 액수)가 너무 높아져 아무리 칩을 많이 쌓아 놓고 있더라도 두 번만 연속 지게 되면 탈락해야 하는 극한 상황이기 때문이었다.

당시 나는 그 상황을 오히려 역이용하는 전략을 사용했다. 결승 테이블에서 플레이의 양상이 바뀌면서 상대가 전전긍긍하는 사이에 빠른 템포로 여유를 주지 않고 그들을 공격하였다. 그런데 그 전략이 주효하였다. 나는 리밋(베팅 액수)가 큰 캐시 게임을 오랫동안 해 왔을 뿐 아니라 평소 빠른 스피드의 포커를 즐겨 해 왔다. 리밋이 대폭 올라가고 급속도로 빨라지는 결승전에서의 게임의 양상은 나에게는 고기가 물을 만난 격이었다. 단 둘이 남는 승부에서 두세 차례 고비가 있었으나 잘 넘겨 우승에 이르렀던 것이다.

다른 프로들이 몇 년 동안 단 한 번도 우승하지 못할 만큼 어렵다는 시합에서 불과 동네 대회 3~4회 출전 만에 처음으로 본격적인 대회에 출전하여 바로 우승을 하였으니 기쁨이 매우 컸다.

이 시합에서 첫 우승은 내가 캐시 게임 프로에서 프로 포커 시합 선수로 전환하게 되는 중요한 계기가 되었다. 그러나 프로 포커 선수의 길은 멀고도 험했으며 마치 가시밭길을 걷는 것처럼 힘들고 외로운 길이었다.

가장 힘든 것은 패배를 싫어하는 못된 성격 때문이었다. 세상에 누가 지는 것을 좋아할까마는 나는 우승하지 못하면 자신을 심하게 학대하였다. 시합에서 우승한다는 것은 너무도 어려운 일이다. 그리고 시합에 나갈 적마다 우승할 수는 없는 노릇이다. 사실이 그럼에도 불구하고 시합에 탈락한 때에 필자는 자신의 마음을 다스리기가 너무도 어려웠다.

　다음으로 고독과의 싸움이다. 나는 시합에 나갈 때마다 많은 여행을 하는데 항상 혼자였다. 막내아들로 태어나 노모의 지극한 사랑을 받으면서 커 왔던 지라 혼자 지내기가 여간 힘든 일이 아니었다. 그렇다고 누구를 옆에 데리고 갈 수도 없는 노릇이었다. 누가 옆에 있다는 것은 집중력의 분산을 가져 오기 때문에 결국 혼자일 수밖에 없는 노릇이었다.

　나의 이름이 세계 포커계에 알려지기 시작하자 포커를 배우겠다고 따라 다니는 사람들이 생기기 시작하였다. 주로 아시안들인데 가끔 백인들도 있었다. 배우겠다고 찾아온 그들에게 나는 단호하게 프로 포커의 길을 말렸다. 한국인이 포커를 가르쳐 달라고 찾아오면 "왜 포커를 배우고 싶은가?"를 물어보아서 프로 포커 선수가 되겠다고 하면 일언지하에 거절했다. 그냥 재미로 조금씩 포커 게임을 하겠다고 하면 사람을 봐서 작은 포커 판에서 돈을 잃지 않을 만큼 기초 지식을 가르쳐 주곤 했다.

　그러던 중 꾸준하게 나를 따라 다니는 한 베트남계 포커 선수를 만나게 되었다. 그는 키가 작고 얼굴이 검게 그을렸고 못생긴 초라한 사내였다. 그는 아무런 대가 없이 나의 잔심부름을 해 주면서 포커 게임 내내 내 옆을 떠나지 않는 것이었다. 그러한 그를 처음에는 무관심하게 보았으나 차츰 친해지게 되었다. 알고 보니 그는 말 수가 적고 심성이 착한 사람이었다.

어느 날 저녁을 먹는 자리에서 그는 나에게 무거운 입을 열어 물어 보았다. 자기는 뉴저지주 애틀란탁 시티에서 나의 포커 핸드를 우연히 뒤에서 본 적이 있었다는 것이다. 자신 같았으면 끝까지 싸울 수 있는 좋은 포커 패를 가진 내가 과감히 카드를 던지는 것을 보고 너무 놀랐다는 것이다. 그리고 결과를 보고서 나의 판단이 너무도 정확했던 것에 또 놀랐다는 것이다. 그래서 계속해서 결승전까지 쫓아가면서 보게 되었고 내가 우승하게 되자 나의 게임에 완전히 매료되었다는 것이다. 그 이후로 나의 뒤를 따라 다니게 되었다고 털어 놓았다.

그는 LA에서 차로 약 7~8시간 떨어져 있는 아리조나에 살고 있었는데 아리조나주의 피닉스라는 도시에서 작은 캐시 게임을 하면서 먹고 사는 프로였다. 자식이 네 명인데 자신은 포커 아니면 도저히 다른 길이 없다는 것이었다. 포커를 자신 만을 의지하고 있는 모든 식구들의 생계를 위해 목숨 걸고 한다는 그의 눈빛을 보며 비장함을 느꼈다. 그리고 그의 묵묵하고 착한 심성이 마음에 들어 그를 도와주고 싶었다.

나는 그에게 포커를 가르치기 이전에 돈관리(Money Management) 부터 가르쳤다. 포커는 제 아무리 실력이 좋아도 돈 관리를 못하면 살아남을 수 없기 때문이었다. 그는 손바닥만 한 노트에 깨

알 같은 글씨로 나의 말을 빠짐없이 적어 내려갔다. 그는 LA로, 라스베이거스로 2년 이상을 포커 대회가 있을 때마다 나를 따라다니며 필자의 한가한 시간을 참을성 있게 기다려 자신이 포커를 하면서 생겼던 많은 질문들을 묻고 또 물었다.

나는 아리조나주의 피닉스는 비교적 조용한 시골이라서 리밋이 작은 곳이라는 점을 감안했다. 그래서 그에게 어떤 특별한 기교를 가르치기보다는 그의 포커의 기본을 튼튼하게 하는데 주력하여 지도하였다. 그러던 어느 날 크리스마스를 2주정도 남기고 그는 크리스마스카드를 보내면서 나의 아들과 딸의 선물로 1,000달러를 보내 왔다. 피닉스 같은 시골에서 그에게 1,000달러는 큰돈이었다.

명예의 전당 프로 포커 대회 챔피언십

일 년 중에 가장 큰 포커 대회는 단연 호슈(HORSE SHOE) 호텔 카지노의 WORLD SERIES OF POKER 대회였다. 그 외에 캘리포니아 커머스 카지노의 LA 포커 클래식과 바이시클 카지노의 레전드 포커 클래식이 있다.

호슈 호텔 카지노는 1997년 4월에 WORLD SERIES OF POKER 대회를 개최하였고 앞서 이야기한 것처럼 나는 이 대회에서 우승했다.

호슈 호텔 카지노는 같은 해 8월에 한 번 더 중요한 시합을 열었는데 그 대회가 바로 '명예의 전당 (HALL OF FAME)' 프로 포커 대회였다. 그 시합은 보통 2~3주에 걸쳐 진행되었는데 비교적 다른 포커 시합에 비해 규모가 커서 많은 프로들이 출전했다.

당시 포커 시합은 보통 300달러로 시작해서 500달러 그리고 1,000달러 그리고 챔피언십 대회는 5,000달러 정도였다.

그러나 명예의 전당 포커 대회는 처음부터 최저가 100달러로 시작되었다. 16일 동안 매일 다른 시합이 열려 총 15개 대회를 개최했다.

나는 그중 6개의 대회에 출전해서 두 번 9명이 겨루는 결승전에 올랐지만 순위가 하위였기 때문에 상금이 몇 푼 되지 않았다. 시합 대신 캐시 게임 성적이 좋아 5~6만 달러 정도 흑자를 내고 있었다. 세상 일이 그러하듯이 세계 대회에서 우승하고 나는 모든 것이 순조로웠고 생전 처음 보는 선수들마저 내 이름을 알고 있었다. 나도 그랬으니까. 지난 3년 동안 세계 대회에 다니면서 우승자에 대해서는 그의 인적 사항부터 과거 대회에서의 트랙 레코드까지 공개되기 마련이었다. 그들은 나를 알고 싶어 했고 내가 우승했을 당시의 행적에 대해 여러 가지 질문을 던졌고 나를 부러워하는 눈으로 바라보았다. 나는 기가 살아 있었고 게임은 내가 컨트롤하고 있었다.

나는 마지막 날 노리밋(No Limit) 챔피언십 대회를 위해 준비를 했다. 충분한 휴식이 필요했다. 노리밋 포커 게임을 하면 할수록 어려운 포커 게임이다. 그러면서도 너무나 쉬운 게임이기도 하다. 이 어려우면서도 너무나 쉬운 게임이 1997년 당시에는 아마추어는 거의 게임을 할 엄두조차 내지 못했던 게임이다. 그 당시는 노리밋 캐시게임(No Limit Cash Game) 자체도 없어서 사람들이 배울 기회가 거의 없었다.

지금은 노리밋 홀덤(No Limit Hold'em) 게임이 미국에서 두뇌스포츠로 인정받아 미국의 주로 TV 스포츠 채널에서 연일 방송되자 노리밋 포커가 급속히 확산되기 시작하여 지금은 명실 공히 포커 선수들이 노리밋을 하지 않고는 프로 축에도 끼지 못하는 세상이 되었다. 역시 매스컴의 위력은 대단했다.

몇 년 전 불과 천여 명 남짓했던 프로 포커 선수가 지금은 공식적으로 상금을 획득한 선수만 7만 명을 넘고 있다.

이미 리밋 홀덤(Limit Hold'em) 부문에서 세계대회를 우승했던 나는 노리밋홀덤(No Limit Hold'em) 부문에서도 우승하고 싶은 욕심이 생겼다. 리밋 홀덤과 노리밋홀덤은 피상적으로 보면 같은 게임에 베팅만 다른 것처럼 보이지만 사실은 서로가 완전히 다른 게임이다. 노리밋홀덤은 올림픽으로 치면 올림픽의 꽃이라고 할 수 있는 마라톤에 비유할 수 있다.

어찌 되었든 나는 다음 날 있을 노리밋홀덤 게임에 대비하여 저녁 8시쯤 식사를 하고 호텔로 돌아가 휴식을 취하기로 했다. 라스베이거스에서의 포커 대회에서 가장 큰 적의 하나는 수면 부족으로 인한 피곤함이다. 라스베이거스의 모든 카지노는 공기 중에 산소를 많이 공급하여 사람들의 수면을 방해하고 있다. 나는 수면제를 복용했다. 라스베이거스로 출장을 올 때는 3~4일에 한 번씩 수면제를 복용해야만 했다.

그 날도 10시쯤 TV를 끄고는 예와 마찬가지로 수면제를 복용하고는 잠자리에 들었다. 그러나 나는 새벽 2시에 그만 잠을 깨고 말았다. 나는 다시 잠을 청하려 무진 애를 썼지만 그러면 그럴수록 정신은 더욱 또렷해졌다. 엎치락뒤치락 하다가 침대에서 일어나 시계를 보니 새벽 4시에 가까워지고 있었다. 겪어 본 사람은 잘 알겠지만 잠을 못 자는 것은 무척 괴로운 일이다. 나는 답답함에 추리닝 바람으로 바람을 쏘이러 밖으로 나가려고 했다. 엘리베이터에서 내려 카지노 문을 열고 나서려는 순간 누군가가 나를 부르는 소리가 들렸다.

그는 잭이라는 사기꾼이었다. 나는 잭을 만나자 마자 "어이 사기꾼"이라고 말하면서 다시 나에게 사기를 치면 너의 콧잔등을 부숴버리겠다고 으름장을 놓았다. 그는 피식 웃었다. 그는 자기의 사기를 인정하고 나에게 알았다고 말하면서 누가 알려 주더냐고 내게 물었다. 물론 나는 대답하지 않은 채 자리를 떴다.

그가 부르는 소리에 쳐다보니 그는 바카라 테이블에서 게임을 하고 있었는데 그 외 몇몇 포커 선수들이 인사말을 건넸다. 나는 그들과 이야기를 나누다가 25달러가 최저한도인 바카라 게임에 앉으면서 나도 25달러씩 베팅을 하였다. 여럿이 웃으며 맥주도 마시고 이야기꽃을 피우며 그냥 아무런 느낌 없이 바카라에 베팅을 하면서 시간을 보냈다.

어차피 잠도 안 오던 차라 시간을 때우는 데는 적당하다는 생각으로 앉아서 게임을 즐겼는데 희한한 일이 벌어지고 있었다.

바카라는 홀짝 게임이었다. 뱅커와 플레이어 둘 중 0부터 9까지 가장 높은 숫자가 이기는 너무나 단순한 게임으로 뱅커와 플레이어의 승률이 50% 대 50%인 게임이었다. 그런데도 난 꼭 지는 쪽으로만 베팅을 하는 것이었다. 50% 대 50%의 게임에서 난 거의 열 다섯 번 정도를 베팅 했는데 한 번도 이긴 기억이 없었다. 25달러 50달러 많아야 100달러를 베팅하고 있었는데 나는 거의 1,500달러 넘게 지고 있었다.

케빈 송 한국포커협회 회장이 자신의 저서 '실전 포커'를 설명하고 있다

 수학적으로 어떻게 이런 일이 일어날 수가 있을까? 믿을 수가 없었다. 나는 지난 몇 년 동안 머리를 식히기 위해 블랙잭 바카라 또는 슬롯머신을 한 적은 있었다. 그 중 바카라는 너무 단순하고 무지한 게임이라는 생각에 별로 흥미를 느낀 적이 없었지만 가끔 두뇌를 쓰지 않는 이 게임을 20분~30분 정도 한 일은 있었으나 돈을 잃어본 기억이 거의 없는 그런 게임이었다.

 나는 이 하찮은 50 대 50 게임에서 십여 차례 베팅을 모두 지고 있다는 사실에 약간의 오기가 생겼다. 누구나 그렇듯이 나는 지고 싶지 않았다. 나는 1,500달러를 플레이에 걸었다. 카지노의 생리상 이런 게임은 오래 하지 않는 것이 내 원칙이었다. 카지노의 모든 게임은 확률상 카지노에 유리하게 되어 있음을 잘 아는 나로서는 짧은 승부로 잃어버린 돈을 찾고 예정대로 바람을 쏘이러 나가고 싶었다.

그러나 나는 또 지게 되었다. 나는 다시 3,000달러를 플레이에 베팅했다. 또 졌다. 약이 오른 나는 6,000달러를 베팅했고 또 졌다. 그리고 1만 2,000달러를 베팅하고 또 졌다. 정말 어이가 없었다. 나는 포커로 번 돈 5만 달러와 내 자본금 2만 달러까지 자그마치 7만 달러를 쏟아붓고는 빈털터리가 되어 그 자리에서 일어났다. 과연 이럴 수가 있을까? 수학적인 확률로 도저히 말도 안 되는 일이 내게 벌어진 것이다.

그때서야 나는 언젠가 누군가 해 준 이야기를 떠 올렸다. 라스베이거스에 어떤 도박사가 있었다. 그는 하루에 200달러를 벌어먹고 사는 프로 도박사였다. 그는 철저한 자기 관리로 하루에 200달러만 벌면 가차 없이 카지노를 빠져나갔고 한 달에 5,000달러의 수입으로 생활을 하는 라스베이거스에서 많이 볼 수 있는 도박사였다.

그 도박사는 주로 룰렛 게임을 했는데 검정색 또는 빨강색에 200달러를 걸고 지면 400, 800, 1,600달러를 베팅하는 식으로 거의 몇 년을 흑자로 달려온 사나이였다. 그러던 어느 날 그 사나이는 8번을 빨강색에 걸어서 내리 졌다는 것이다. 그 사나이는 아홉 번째로 전 재산을 검정색에 걸었는데 빨강색이 나와 모든 자본금을 잃고 라스베이거스에서 자취를 감췄다는 것이다.

역시 라스베이거스는 무서운 곳이었다. 도저히 확률상 일어 날 수 없는 일들이 번번이 일어나는 곳이 이 곳 라스베이거스였다. 얼마나 많은 수학자, 통계학자, 명문 대학원생, 변호사 등 머리 좋은 천재들이 연구에 연구를 거듭하고도 패퇴했던가. 얼마나 많은 불나방 같은 사람들이 제 몸이 타 버리는 것은 생각지도 못하고 라스베이거스라는 휘황찬란한 불꽃에 이끌려 들어가 재로 변해 버렸던가.

나는 뼈저린 후회를 했다. 어둠이 걷히는 라스베이거스를 창밖으로 보며 그 화려한 조명들이 하나둘씩 꺼지고 해가 중천으로 떠오를 때까지도 꼼짝도 하지 않고 있었다. 이 날의 패배는 10년이 지난 지금까지도 뼈아픈 기억으로 남아 있다. 시합은 12시에 시작되건만 나는 다른 바지 호주머니에 가지고 있던 3,700달러가 자본금의 전부였다. 그 돈조차도 있는지도 모르고 있었다. 만일 알았더라면 그 돈도 잃었을 것이다. 하지만 시합에 참가하려면 5,000달러가 필요했다. 나는 시합장으로 가서 베트남계 프로에게 모자란 돈을 투자하라고 권했지만 그가 망설이는 것을 보고 돌아서서 지갑의 크레딧 카드로 2,000달러를 인출하여 간신히 시합에 참가하였다. 내 마음 속은 오전에 잃어버린 돈의 액수보다도 철저히 짓밟힌 패배의 쓰라림으로 망쳐진 상태였기 때문에 과연 내가 이 시합을 제대로 풀어 나갈 수 있을지 판단이 서질 않았다

"이 마음을 평정 못하면 나는 프로가 아니다. 이 모든 것을 무심히 흘려보낼 수 있어야 포커 판에서 살아남을 수 있다."라고 나를 달래

고 또 달랬다. 시합의 참가 인원은 92명이 되었다. 한 테이블에 9명씩 앉았는데 그중 8명이 아는 얼굴이었다.

2010년 이후 펼쳐지는 큰 시합은 한 테이블에 아는 선수가 한 명도 없는 경우가 대부분이다. TV를 포함한 언론에서 포커를 두뇌 스포츠로 인정하고 연일 포커 시합을 방영하자 전 세계에서 투지 넘치는 젊은 층들이 참가하기 시작하였다. 이들 젊은 층들 중에는 5~6명이 합숙을 해 가면서 TV의 포커 시합을 전부 녹화하여 세계 최고의 포커 선수들의 플레이를 분석하는 그룹들이 많다. 그리고 그들은 인터넷으로 매일 포커를 플레이하여 실전 경험을 쌓은 뒤 라스베이거스의 큰 시합에 도전하고 있기 때문에 그 실력을 가늠하기가 참으로 어려운 것이 최근의 상황이다. 하지만 1997년 당시만 하더라도 상위 10% 이상 절정의 포커 고수들만이 이 대회에 참가했다.

결론부터 말하자면 나는 이 시합에서 극적으로 우승하였다. 대회가 열리던 1997년 8월 26일 아침 앞서 이야기한 대로 바카라 게임에서 25달러로 장난을 하다가 7만 달러를 탕진한 황당한 사건의 충격을 이겨 내고 우승한 것이었다.

나는 1997년 4월 세계 포커 대회 리밋 홀듬(Limit Hold'em) 부문에서 우승하여 세계 챔피언이 되자마자 같은 해 8월 HALL OF FAME 대회의 노리밋홀덤 챔피언십 결정전에서도 챔피언이 되어 양 부문 모두에서 챔피언을 석권하였던 것이다.

이날의 우승은 라스베이거스의 프로 포커 선수들로 하여금 나를 인정한 계기가 되었고 당시 Card Player Magazine에 올해의 선수(Player of the Year) 6명 중의 하나로 오르게 되었다. 당시 HALL OF FAME(명예의 전당) 대회는 나의 우승을 마지막으로 더 이상 대회를 열지 않아 나는 지금도 이 대회의 마지막 챔피언으로 남아 있다. 지금까지도 사람들은 나를 두고 HALL OF FAME 대회 불멸의 챔피언이라 부른다.

우승한 그날의 기억을 더듬어 보면 다음과 같다. 1997년 8월 26일 낮 12시 정각 명예의 전당 챔피언십 대회의 마지막 시합이 라스베가스 다운 타운에 있는 호슈(Horsesue) 카지노에서 열렸다. 호슈 카지노는 세계 포커 대회(World Series Of Poker)가 열리는 곳이기도 했다.

참가 인원은 92명 참가 비용은 5000달러, 총 46만 달러를 놓고 라스베가스 프로들과 뉴욕, 텍사스, LA 등 각지에서 모인 프로들이 격돌하게 되었다. 1997년 당시만 해도 노리밋홀덤은 웬만한 프로 포커 선수도 명함을 내밀지 못할 정도로 플레이하는 선수가 많지 않았다.

그도 그럴 것이 노리밋홀덤은 포커선수들이 언제든지 자기 앞에 놓인 모든 칩을 한꺼번에 베팅할 수 있는 게임으로 포커 실력도 실력이지만 배포 또한 든든해야 하기 때문이었다. 그날 새벽 장난삼아

25달러로 바카라 게임을 하다가 7만 달러를 잃어버린 뒤여서 그 충격을 잊으려 무진 애를 썼지만 나도 인간인지라 쉽게 헤어날 수 없었다.

나는 시합 초반에 승부수를 던졌다. 아무리 프로라 해도 나도 한 사람의 나약한 인간이기에 7만 달러를 잃고 난 뒤 마음속에 타오르는 분노를 당분간 삭이기에는 어렵다는 생각에 승부를 내야겠다는 생각을 했다.

라스베이거스 프로와 나는 모든 칩을 걸고 싸웠는데 내가 이기게 되어 한 사람을 탈락시키면서 나의 칩이 포커 시합 초반에 두 배로 늘어나게 되었다. 칩이 늘어나 유리한 고지에 서게 되자 차츰 포커 시합에 집중할 수 있게 되었다.

새벽 3시경이 되어 모두 9명의 결승전 진출자를 남겨 놓고 시합은 마무리를 했다. 밤새도록 마음속으로는 3등이라도 해서 어제 새벽에 잃어버린 돈을 찾을 수만 있다면 얼마나 다행일까 싶었다.

8월 27일 남은 9명의 결승전이 시작되었다. 나는 애초부터 마음을 비웠다. 보통의 경우 결승전에 도달하면 우승에 대한 강한 열정을 가지고 시합에 임했던 나는 이날만큼은 우승에 대한 큰 기대는 갖지 않았으며 그저 최선을 다하리라고 다짐했을 뿐이다.

프로답지 않게 장난삼아 25달러로 시작한 바카라에서 7만 달러를 탕진해 버린 나 자신을 얼마나 질책하며 미워했는지 모른다. 결승전에 오르고도 하루 종일 기분이 좋지 않았다. 나의 칩의 위치는 9명 중 5위쯤 되었다.

첫 번째 싸움에서 변호사 출신으로 1995년도 세계대회 노리밋 챔피언십에서 영예의 세계 챔피언에 오른 댄 해링턴(Dan Harrington)이 레이즈를 던졌다. 댄이 레이즈를 던지는 찰라에 나는 그가 기술(Bluff, 공갈)을 걸어 옴을 직감했다. 댄은 세계 노리밋 챔피언이라는 명성에 걸맞게 결승전 테이블을 압도하려는 것이 피부로 느껴졌다.

나는 리레이즈(재차 베팅을 올림)를 하였는데 댄이 앞에 있는 모든 칩을 밀고 들어왔다. 거의 동시에 나는 콜(베팅을 받음)을 했다. A·9을 들고 있던 나는 내 핸드가 노리밋에서 싸울 수 있는 좋은 핸드가 아니었지만 분명 댕의 핸드보다는 좋은 핸드라는 확신이 있었다.

그는 자리에서 일어나면서 카드를 오픈했는데 8·6 다이아몬드였다. 내 예상은 적중했고 곧 딜러가 오픈한 5장의 카드는 나도 댄도 도와주질 않았고 내 핸드가 베스트 핸드(Best Hand)가 되어 댄 해링턴을 9등으로 탈락시키며 승기를 잡았다.

시작이 좋아서였을까 의외로 결승전은 순조로웠다. 나와 오닐 롱

선(Oneil Longson)이라는 라스베이거스 프로와 단둘이 남았다. 나는 오닐과 몇 번인가 캐시 게임을 한 적이 있었고 오닐에 대해서 이미 들은 바가 있었다.

그는 걸물이었다. 언젠가 라스베이거스에서 호주의 억만 장자가 낀 초대형 캐시 게임에서 현찰 100만 달러를 땄는데 같이 플레이했던 라스베이거스 프로들이 말하기를 그 때 오닐이 계속 졸면서 플레이했다는 것이다. 나는 아마도 그가 허허실실 전법을 썼을 것이라는 짐작을 했다. 허허실실 전법이란 그가 졸면서 플레이하는 척하여 상대를 교란시켰다는 뜻이다. 어쨌든 그와 단둘이 남게 되어 난 무척 조심스러웠다.

그의 플레이를 좀 나쁘게 표현하면 능구렁이 스타일이었다. 그런 자를 상대할 땐 정통파 스타일로 맞서야 한다고 느꼈으나 계속적으로 카드가 너무 나쁘게 들어와서 내가 밀리기 시작했다. 나는 거의 열두 번 계속 카드를 던질 수밖에 없는 나쁜 상황이 계속되었다.

10.3, J.2, 9.2, 7.2 등등이 계속되는 상황에서 나보다 칩이 적었던 오닐은 계속 따라붙어 올라오고 있었다. 그러다가 5.6 하트가 들어왔다. 더 이상 물러설 수 없었던 나는 그의 레이즈를 콜했다. 딜러가 3장의 카드를 오픈했는데 Q.10.2였다. 단 한 장의 하트도 깔리지 않았을 뿐 아니라 페어조차도 없어 나의 핸드는 그야말로 휴지 조각이었다.

그런데 오닐이 첵(Check, 베팅을 하지 않음)을 했다. 너무 카드가 나쁜 상황이므로 공갈조차도 포기하고 나도 첵을 했다. 딜러가 다음 카드를 오픈했는데 3이었다. 오닐이 다시 첵을 했다. 나의 핸드는 5,6이었으므로 만약에 마지막 카드가 '4'가 나온다면 스트레이트를 만들 수 있었으나 두 번씩이나 베팅을 하지 않는 오닐에게 공갈을 걸어 보았다.

내가 베팅을 하자 오닐은 기다렸다는 듯이 콜을 해 왔다. 나는 속으로 "저 능구렁이가 역시 눈치를 채고 있구나!" 하고 느꼈다. 저런 능구렁이를 상대로 어쩔 수 없어 공갈을 시도했던 내가 잘못이었다. 그런데 마지막 카드가 '4'였다!

기적처럼 나의 카드가 스트레이트가 만들어졌다. 도저히 희망이 없던 상황에서 '3'자 그리고 마지막 카드가 '4' 연속으로 두 장의 카드가 나를 도와줘서 Q 10 2 3 4가 깔린 상황에서 최고의 핸드를 만들고 있었다.

능구렁이 오닐이 또 첵을 했다. 이제 나는 얼마를 베팅해야 오닐이 콜을 할까를 생각해 보았는데 확실한 감이 오질 않았다. 나는 2분쯤 생각하다가 내 앞에 있는 칩 모두를 밀어 넣었다. 나는 오닐에게 내가 공갈을 치고 있다는 느낌을 갖게 하여 콜을 하도록 유도했던 것이다.

그러나 오닐을 꽤 오랜 시간 동안 아무런 움직임이 없었다. 나는 속으로 내가 너무 베팅을 많이 했나 하는 후회를 하면서 숨을 죽인 채 그의 다음 베팅을 기다렸다.

나의 눈은 한 곳만을 뚫어지게 쳐다볼 뿐 미동도 하지 않은 채 기다렸다. 그가 콜을 외치면서 그의 모든 칩을 밀고 들어왔다.

그 순간 난 일어나서 쓰고 있던 모자를 천정의 샹들리에에 집어 던지며 두 손을 번쩍 들고 내가 우승했음을 환호하였다. 오닐의 카드가 무엇인지는 볼 필요조차 없었기에………〉

노리밋홀덤(No Limit Hold'em 베팅에 한계가 없는 게임)이라는 포커 게임은 언제든지 선수가 원할 경우 자기가 가진 모든 칩을 한 번에 걸 수 있다. 그런데 새로이 포커 판에 진입한 그들은 무조건 밀고 들어왔다. 물론 자기 나름대로 계산이 있었겠지만 내가 볼 때 그들의 계산은 다분히 엉터리였다. 그러나 무모하게 대시하는 그들의 감추어진 핸드(감추어진 패)를 읽어낸다는 것은 불가능한 일이었다.

나의 경우 프로끼리의 싸움에서는 중요한 순간에 그들의 핸드를 읽어 낼 수 있었다. 이해하기 힘들겠지만 나는 중요하고 결정적인 순간에는 내 몸의 세포 조직을 모두 동원하여 상대의 핸드를 읽어 낼 수 있었던 것이다. 물고기가 지진이 올 것을 미리 알 수 있는 것과 같은 원리라고 할 수 있을까? 아무튼 인간의 오감에는 그 한계가 없어서 어떤 한 곳에 계속 집중을 하다 보면 그 쪽으로 발달하게 되기 때문인 것 같다.

나는 중요한 고비 때에는 정신을 집중해서 상대에게 기를 보내 상대로부터 반사되어 되돌아오는 기로 상대의 심중을 읽어 내는 방법을 사용하였다. 그런데 그 정확도가 어떨 때에는 나 자신도 놀랄 정도로 높았다. 그러나 이 고도의 정신 기술은 그 상대가 아마추어이거나 본인 자신도 자신의 핸드가 어떤 위치에 있는지도 모르는 사람에게는 통하지 않았던 것이다.

포커의 인기 상승과 함께 과거 불과 1,000명 내지 2,000명이었던 프로 세계에 지금은 공식 대회에 출전하여 상금을 받은 선수만도 10만 명이 넘게 변해 버렸다. 여기 저기 크고 작은 포커 시합까지 모두 합치면 몇 십만이 출전하는 거대 군중 시합이 되어 버린 것이었다.

도대체 그들은 어떠한 사람들인가? 나는 새로이 나타난 이 거대 집단에 대한 적응이 필요했다. 전술적인 면에서 다각적인 검토를 했고 특히 그들의 심리에 대한 공부가 필요함을 느꼈다. 그리고 그들에 대한 나의 태도를 바꾸었다.

노리밋홀덤은 전 세계적으로 폭발적인 인기를 끌었다. 리밋 포커

(베팅에 일정 한도가 있는 포커)에서는 그들과 나는 어느 정도 실력차가 있었으나 노리밋에서는 그 실력차가 너무 적었다. 적어도 포커 시합의 시작 단계에서는 아무리 세계적인 프로라고 해도 그들과 별반 다를 수가 없었다. 노리밋에서 사람들은 누구라도 실력이 낮더라도 이길 수 있다는 기회는 있다는 자신감을 가지게 된 것이다. 바로 이점이 노리밋 포커가 인기를 끌게 된 주된 요인의 하나이기도 했다.

실제로 동네 포커를 하던 Chris Money Maker(실명임)이라는 인물이 있었다. 그는 2003년 처음 포커 대회에 나와 그 해에 세계 챔피언에 올랐다. 포커계에 신데렐라가 탄생한 것이었다. 이것이 프로 포커계에 너도 나도 뛰어들게 된 중요한 계기가 되었다. 그 이후에는 2006년에 Jamie Gold라는 무명 선수가 8,773명이 출전한 세계대회 챔피언십에서 1200만 달러를 벌어들였다.

불과 몇 년 전만 해도 몇 백 명의 프로만으로 치러졌던 세계 대회가 이제는 그 누구라도 운만 좋으면 당첨될 수 있다는 분위기로 바뀌게 된 것이다.

일부 젊은 선수들은 세계 대회에 우승하기 전에는 무명이었다. 이들 중 Greg Raymer와 Joe Hachem은 그래도 어느 정도 아마추어 실력은 벗어나 있었으나 나머지 네 사람의 세계 챔피언은 정말 운으로 당첨되었던 것이다. 그들의 포커 실력이 운이었다는 것은 챔피언에 오른 다음 시간이 증명해 주고 있다. 그 이후 돈을 벌지 못하고 있는 것이다.

운이라는 것은 결코 한 사람에게 머물지 않는다는 것이 내 생각이다. 프로 포커 대회에 나가다 보면 자금이 떨어진 선수들을 만나게 되는데 그들은 모두 자신은 훌륭한 포커 실력이 있음에도 불구하고 운이 없었노라고 말하며 도움을 요청하는 경우가 많다.

난 그들에게 말한다. 오늘의 포커 대회는 오늘의 운에 좌우되고 내일의 포커 대회는 내일의 운이 작용한다. 그러나 일 년 동안 포커 대회에 나가 시합을 하였음에도 불구하고 돈을 벌지 못했다면 그것은 실력이 없는 것이다.

나는 지난 1995년부터 2022년까지 공식적으로 600만 달러 이상을 벌었다. 비즈니스를 하였던 2001년부터 2002년 말까지 1년 반의 공백 기간을 제외하고는 한 해도 돈을 벌지 못한 해는 없었다. 주요 메이저 대회 중에서 100개 대회 이상 결승에 올라 우승한 것만 해도 27회에 달했다. 이 모든 기록은 www.cardplayer.com에서 볼 수 있다.

케빈 송은 2015년 1월 21일 대한민국에서도 포커 게임이 두뇌스포츠로 인정받아 국내대회는 물론 세계 포커 대회를 개최하면서 포커의 세계화를 위해 한국포커협회를 창립하였다.

그러나 문화체육관광부는 포커협회 등록을 외면했고 서울시나 경찰청 역시 마찬가지였다.

그의 꿈은 대한민국도 이제는 포커 게임을 두뇌스포츠로 인정해 젊은 층의 일자리 창출과 포커의 세계화를 위해 헌신하는 일이다.

그는 강원랜드가 2000년 10월 카지노 개장을 앞두고 카지노 본부장으로 영입 제안이 왔었다고 밝혔다.

이에 케빈 송은 "카지노 본부장으로 강원랜드가 영입하려면 연봉 10억 원을 제시하면 가능하다. 내가 미국에서 포커 게임으로 10억 원의 수익을 올리는데 그에 걸맞는 연봉을 제시했는데 이후 답변이 없었다. 사장 연봉이 1억 원 수준인데 본부장 연봉 10억 원은 자신들이 볼 때 터무니없었을 것이다."라고 회고했다.

또 그는 워커힐 카지노에서 홀덤카지노 테이블을 6년간 운영해 겨우 흑자 상태의 홀덤테이블을 상당한 흑자로 전환시키는데 기하기도 했다.

그는 포커 게임에서 승자와 패자의 실력 차이는 종이 한 장 차이일 수도 있지만 이 차이가 천당과 지옥을 가른다고 말한다.

〈프로는 타고난 기질과 수많은 승부에서 얻은 경험을 바탕으로 플레이하는 감각이 뛰어나야 한다고 믿는다. 거의 동물적인 수준에 가까운 그러한 감각을 키우기 위한 몸부림은 처절하기까지 하다.

나의 경우도 그러하다. 나의 모든 어려움과 고뇌는 혼자만의 몫이다. 포커에서 큰돈을 잃거나 전패를 했을 때도 그 고통이 가족에게 전염되지 않도록 애를 쓴다. 집에 와서는 모든 것을 잊고 평범한 남편과 아이들의 아빠로 돌아간다. 그리고는 모든 식구가 잠들어 있는 새벽에 조용히 일어나 서재에서 패배의 원인을 분석한다. 얼마나 많은 날을 그렇게 지새우고 자책감에 괴로워했는지 모른다. 세계적인 포커 선수로서 화려한 삶을 살고 있다고만 생각하지 말고 그 이면에 가려진 힘겨운 싸움도 보기 바란다.

타고난 재능이 있다고 해서 모두 승리하는 프로 포커선수가 될 수 있는 것은 아니다. 타고난 재능과 뛰어난 정신력이 있다고 하더라도 기회가 올 때까지 인내하고 또 인내할 수 있겠는지를 판단해야 한다.

포커대회에서 상금을 받은 공식적인 포커 선수가 수십만 명이나 있지만 그 중 겨우 몇백 명만이 돈을 따고 있는 승자라는 사실을 짚고 넘어가야 한다. 수십만의 선수들 중 겨우 0.5%의 프로만이 프로 포커계의 승자임을 잊어서는 안 된다.

게임에서 이기고 있는 사람은 무리하지 않는다. 하지만 지고 있는 사람은 무리한 공격으로 본전을 찾으려고 한다. 포커에서 가장 무서운 상대는 지고도 무리하지 않는 사람이다.

진정한 프로선수는 엄청난 돈을 잃고 있으면서도 자세나 표정이 흔들림 없어야 한다. 그러나 이길 확률이 거의 없음을 명백하게 알고도 심리적인 압박과 조급한 마음으로 불리한 상황에서 승부를 걸어서 졌다면 그가 바로 진정한 패자다.

사람은 누구나 실수할 수 있다. 실수를 고치지 않고 반복하는 것이 문제가 될 뿐이다.

많은 사람들이 자신의 성격을 잘 알고 있다. 만약 패배에서 교훈을 얻어 보다 발전된 포커 게임을 펼칠 수 없다는 판단이 들면 이기는 것은 포기하는 것이 좋다.〉

에필로그

최근 수년간 카지노 산업은 예상치 못한 소용돌이에 휘둘리면서 엄청난 변화를 겪어야 했다.

먼저 전 세계를 강타한 코로나 팬데믹으로 관광 산업의 꽃이라는 카지노 산업에는 엄청난 재앙이 초래되었다. 국내의 경우 강원랜드는 사상 초유의 장기 휴장과 부분 영업으로 2년 연속 적자라는 최악의 성적표를 나타냈으며 외국인 전용 카지노들도 장기 휴장 여파로 감원과 임금 삭감, 집단 휴직이 이어질 정도로 지난 3년은 '고난의 세월'로 기억되고 있다.

특히 중국 시진핑 국가주석의 '부패척결'과 함께 세계 최고 정킷 업체 태양성의 앨빈 차우 회장 체포를 신호탄으로 마카오 정킷 사업이 폐쇄되면서 카지노 업계를 경악시켰다.

가뜩이나 팬데믹 사태로 3년간 적자의 늪에서 헤매는 상황에 카지노 면허 10년 갱신 조건에 향후 10년간 20조 원을 컨벤션과 엔터테인먼트 등 비 카지노 분야 투자 강요는 마카오 카지노 업계의 미래를 불안하게 만들고 있다.

완벽한 수준의 치안과 카지노 신뢰도가 높았던 마카오는 코로나 팬데믹 이후 한 번도 경험하지 못했던 도전으로 '카지노 왕국'의 지위가 흔들리면서 불안한 항해를 시작했다.

특히 '파친코의 나라' 일본이 오는 2029년 오사카에 복합 카지노 리조트를 개장하면 동남아 카지노 시장의 지각변동이 예상되는 가운데 관광 대국 태국도 2023년 초, 카지노 합류를 결정했다.

또한 '고객 친화적' 강점에 공간과 시간을 초월해 PC와 모바일에서 손쉽게 접할 수 있는 온라인 도박이 팬데믹 기간에 폭발적으로 팽창하면서 카지노 산업에 가장 강력한 라이벌이 되었다.

중고등학생 등 청소년들의 불법 온라인 도박중독이 심각한 사회문제로 부각된 지 오래지만 합법 사행산업 규제에 몰두하는 정부 당국의 비뚤어진 시각이 바로 잡히지 않는 한 불법 도박 팽창은 계속될 수밖에 없다.

전 세계에서 유일하게 대한민국 합법 사행산업에만 적용되는 매출총량제, 출입일수 제한, ARS 예약시스템 등 '고객 퇴출적' 게임 조건은 사행산업 후진국으로 퇴보시키고 있다.

미래의 희망인 MZ세대들이 향후 대한민국에서 '카지노 전설'처럼 혁신의 아이콘을 마음껏 발휘할 수 있는 기틀이 마련되도록 합법 사행산업의 규제 혁신에 발상의 전환이 필요한 이유다.

카지노 전설들의 이야기와 팬데믹을 계기로 대한민국이 '카지노 변방'을 벗어나 샌즈, 윈, MGM, 겐팅 같은 글로벌 수준의 복합 카지노 리조트로 전 세계인들을 감동시킬 때가 되었다.

아울러 카지노 전설들을 통해 카지노 업계 종사자와 카지노산업에 관심 있는 독자들이 카지노의 색다른 매력과 진가를 다소나마 이해할 수 있기를 기대해 본다.

참고 문헌

림고통 자서전
세계 포커 챔피언 캐빈 송의 실전 포커
생각의 혁신-라스베이거스에 답이 있다
안과의사 안혁의 마피아
파라다이스그룹 30년사
우정 전락원 추모집 '드높은 이상향을 꿈꾼 도요새'
벽강 전숙희 자전적 에세이 '자전적 문우들 속에서 나의 삶은 따뜻했
　　네', 월간조선(2007년 9월호)
신문 기사(머니투데이 등)
네이버 지식백과, 나무위키 등